Schöningh
westermann

Talk to me! 5/6

Mündliche Prüfungen in der Sekundarstufe I

Hinführung – Durchführung – Bewertung – Rückmeldung

Erarbeitet von Frauke Lassen

Für vielfältige fachliche Anregungen, hilfreiche Gespräche, Kritik und Unterstützung danke ich:

Roswitha Henseler
Antje Irlenkäuser
Birgit Meinecke
Andrea Mevissen
Pia Richardt

Außerdem danke ich Frau Walburga Hövel-Burckhart als Schulleiterin der Marion-Dönhoff-Realschule Pulheim für ihre frühe Aufgeschlossenheit bei der Einführung mündlicher Prüfungen im Fach Englisch sowie nicht zuletzt den Schülerinnen und Schülern der Marion-Dönhoff-Realschule, die ich im Laufe der Jahre mündlich geprüft habe.

Weitere Titel der Reihe „Talk to me!":

Talk to me! 7/8
236 S., vierfarb.
mit CD-ROM, kart.

Best.-Nr. 041 302

Talk to me! 9/10
184 S., vierfarb.
mit CD-ROM, kart.

Best.-Nr. 041 303

Sprachliche Betreuung: Anne Schülke

westermann GRUPPE

www.schoeningh-schulbuch.de
Schöningh Verlag, Jühenplatz 1–3, 33098 Paderborn

Druck A^3 / Jahr 2017
Alle Drucke der Serie A sind im Unterricht parallel verwendbar.

Illustrationen: Matthias Berghahn, Bielefeld; Fotos: S. 53: © Comugnero Silvana – Fotolia.com; S. 87: © Marina Zlochin – Fotolia.com; S. 103: © mico images – Fotolia.com; S. 131: © Gabees – Fotolia.com; S. 138: © Minerva Studios – Fotolia.com
Umschlaggestaltung: Nora Krull, Bielefeld
Fotos Umschlag: © Odilon Dimier/PhotoAlto/Corbis (v.); © RelaXimages/Corbis (h.)
Druck und Bindung: westermann druck GmbH, Braunschweig

ISBN 978-3-14-**041301**-5

Inhalt

Oral exam II: Food (year 6) 117

Talk to me!

Vorwort – Warum mündliche Prüfungen?

Mündliche Prüfungen – damit werden oft Situationen assoziiert, in denen ein einzelner Prüfling vor einer Kommission Rede und Antwort stehen muss. In dieser – für die Prüflinge naturgemäß sehr unangenehmen – Situation sind die Redeanteile der Prüfer oft genauso hoch wie die der Prüflinge, wenn nicht sogar höher. Im modernen Fremdsprachenunterricht haben mündliche Leistungsüberprüfungen jedoch wenig mit dem eingangs beschriebenen Szenario gemein. Bei den monologischen oder dialogischen Beiträgen der Prüflinge beschränkt sich die Rolle des Prüfers auf die Moderation bzw. Krisenintervention im Notfall.

Es gibt viele Gründe, mündliche Prüfungen in der Sekundarstufe I bereits ab Klasse 5 einzuführen:

- Viele Bundesländer sehen vor, eine Klassenarbeit ab Klasse 10 verpflichtend durch eine mündliche Prüfung zu ersetzen, um die Kompetenzen „zusammenhängendes Sprechen" und „an Gesprächen teilnehmen" zu trainieren und zu prüfen.
- Darüber hinaus ist es bereits jetzt möglich, eine Klassenarbeit ganz oder teilweise auch in anderen Stufen durch eine mündliche Prüfung zu ersetzen.
- Durch den Status einer Klassenarbeit bekommen mündliche Beiträge einen wichtigen Stellenwert und können aus dem Schattendasein der „SoMi"-Noten (Noten für sonstige Mitarbeit) heraustreten.
- Die Schülerinnen und Schüler schneiden in der Regel bei einer mündlichen Prüfung besser ab, weil das Thema Rechtschreibung wegfällt. So können schwächere Lerner ihre Note aufbessern und sich als erfolgreich erleben.

Da nicht erwartet werden kann, dass die Lerner in Klasse 10 plötzlich in diesem Prüfungsformat bestehen können, ist es wichtig, bereits mit jungen Schülerinnen und Schülern an mehr und nachhaltiger Mündlichkeit zu arbeiten. Die Themen in diesem Buch greifen die Lebenswelt der Schülerinnen und Schüler auf, sie kommen in jedem Lehrwerk vor und können mit Ihrem eigenen Input angereichert werden. Der Wortschatz und die Strukturen müssen jedoch immer gut eingeführt sein und sicher beherrscht werden, bevor sie in einer mündlichen Prüfung abgefragt werden.

Talk to me! soll Sie ganz praktisch bei der Durchführung, vor allem aber auch bei der Vorbereitung von mündlichen Prüfungen unterstützen. Sie finden in diesem Buch für die 5. und 6. Jahrgangsstufe jeweils zwei Prüfungen mit unterschiedlichen thematischen Schwerpunkten, immer bestehend aus drei Prüfungsteilen. Zu jeder Prüfung gehört eine komplett ausgearbeitete und erprobte Unterrichtsreihe. Die entsprechenden Worksheets finden Sie auf der CD-ROM im Word-Format wieder, sodass sie individuell angepasst und verändert werden können. Ebenso enthält jedes Kapitel die entsprechenden Bewertungskriterien mit Angaben von Punkten, einen Bewertungsbogen für beide Prüfer (Evaluation Sheet) und einen Rückmeldebogen für Prüflinge und Eltern. Anhand der Punkteskala auf S. 12, die für alle Prüfungen gilt, errechnet der Zweitprüfer seine Note, während der Erstprüfer eine Eindrucksnote notiert. Als vollwertiger Ersatz einer Klassenarbeit wird empfohlen, alle Teile einer Prüfung durchzuführen, da die Lerner dann bei einem nicht gelingenden Prüfungsteil mehr Möglichkeiten haben, dies auszugleichen.

Es mag Sie verwundern, dass die vorbereitenden Worksheets sich oft kaum von den Prüfungsunterlagen unterscheiden. Da eine mündliche Prüfung gerade für junge Lernende sehr aufregend und ungewohnt ist, wird darauf verzichtet, sie in der Prüfung mit neuem Material zu konfrontieren – zum einen, weil das mögliche Aufgabenspektrum noch sehr gering ist, und zum anderen, weil sie sich (z.B. bei der Arbeit mit den Stadtplänen in Oral Exam 1/Year 6) mit unbekanntem Material nicht schnell genug orientieren könnten. Außerdem gewährleisten die Aufgabenformate bereits eine gewisse Zufälligkeit und immer wieder neue Abläufe und Konstellationen.

Als letztes Kapitel enthält dieses Buch das Modul *Talk to me!*. Das Ziel, während einer Prüfung ausschließlich Englisch miteinander zu reden, ist ebenso ernst zu nehmen wie die gute Vorbereitung der eigentlichen Prüfungsteile. Die sechs Worksheets dieses Kapitels (s. Erläuterungen S. 150) statten die Lernenden mit

Redemitteln für Interaktionen und Äußerungen aus, die ihnen während der Prüfungen zur Verfügung stehen müssen. Außerdem finden Sie in diesem Kapitel *Icebreakers for teachers*, die Sie als Prüfer mit Redemitteln für diverse Situation ausstatten.

Dieses Buch möchte Ihnen die Organisation und Durchführung und vor allem die hinführenden Unterrichtsreihen der mündlichen Prüfungen erleichtern. Der Aufwand lohnt sich nicht zuletzt deshalb, weil nicht nur die Prüfung selber, sondern vor allem die intensive Vorbereitungszeit auf dem Weg dorthin eine lohnende und positive Erfahrung für Sie als Lehrkraft und Ihre Schülerinnen und Schüler ist.

Allgemeine Hinweise zur Organisation und Durchführung der Prüfungen

Mündliche Prüfungen im Schulalltag zu organisieren ist oft eine organisatorische Herausforderung, besonders dann, wenn diese Prüfungen während des laufenden Unterrichtbetriebs stattfinden sollen.

Da der Höreindruck einer mündlichen Prüfung nicht wiederholbar ist, empfiehlt es sich, die Prüfungen zu zweit durchzuführen, um sich hinterher beraten zu können. Ein Prüfer übernimmt die Rolle des Erstprüfers und eine weitere Lehrkraft ist der Zweitprüfer. Der Erstprüfer leitet die Prüfung an, er gibt den Prüflingen die Aufgabenstellung, Hinweise und Hilfestellungen. Bei der Bewertung notiert der Erstprüfer sich für alle Prüfungsteile eine Eindrucksnote.

Die Prüfer bewerten die Prüfung anhand der Beurteilungsbögen (Evaluation Sheets), die für jedes Schülerpaar kopiert werden müssen. Der Zweitprüfer kreuzt im ersten Teil in den Tabellen für die jeweiligen Kategorien die Punkte an, aus denen sich später anhand der Punkteskala (S. 12) eine Note errechnet. Der Erstprüfer notiert im zweiten Teil der Evaluation Sheets Eindrücke und Eindrucksnote. Die Gesamtnote für jeden Prüfungsteil und jeden Schüler wird aus der Eindrucksnote des Erstprüfers und der errechneten Note des Zweitprüfers gemittelt – ebenso die Gesamtnote aus allen Prüfungsteilen. Die Nutzung der Evaluation Sheets wird auf den S. 10 und 11 erläutert.

Die Erfahrung zeigt, dass die Eindrucksnote und die errechnete Note oft nicht weit auseinanderliegen. Beide Noten – die des Erst- und des Zweitprüfers – basieren auf den Bewertungskriterien für die jeweiligen Prüfungen. Aus diesen Kriterien geht hervor, welche Leistung für welche Punktzahl erwartet werden kann. Die Anlage zu den Bewertungskriterien der vier Prüfungen ist ein Überblick über die eingeführten Redemittel und dient gleichzeitig als Erwartungshorizont.

Zur Wiederholung des Höreindrucks einer mündlichen Prüfung können die Schülerbeiträge natürlich auch als Tonaufnahmen aufgezeichnet und dann im Laufe des anschließenden Beratungsgespräches wieder abgespielt werden. Hierzu ist (falls nicht schon bei der Einschulung geschehen) möglicherweise die Zustimmung oder zumindest die Information der Eltern erforderlich. Ein entsprechendes Anschreiben finden Sie auf S. 14 in diesem Buch. Aber auch ohne Tonaufnahmen sollten die Eltern der Lernenden von den mündlichen Prüfungen, deren Rahmenbedingungen und Vorteilen für die Schülerinnen und Schüler in Kenntnis gesetzt werden. Dazu dient der Elternbrief auf S. 13, den Sie gemäß den rechtlichen Rahmenbedingungen in Ihrem Bundesland mithilfe der entsprechenden CD-ROM-Datei anpassen können.

In der Regel dauert das Prüfen einer ganzen Lerngruppe inklusive der Beratungsphasen 5–6 Schulstunden, also einen ganzen Schulvormittag. Bei jüngeren Jahrgängen ist diese Zeit sicher vergleichbar mit der Korrektur einer schriftlichen Klassenarbeit – bei höheren Jahrgangsstufen haben mündliche Prüfungen im Vergleich mit schriftlichen Arbeiten deutliche Zeitvorteile für die Lehrkraft.

An dieser Stelle sei kurz darauf eingegangen, dass es **nicht** erforderlich ist, für eine Lerngruppe mehrere unterschiedliche Prüfungsaufgaben vorzusehen. Teil 1 jeder Prüfung – eine Präsentation mit bekannter Aufgabenstellung – kann und sollte ohnehin gut vorbereitet sein und bei den übrigen beiden Prüfungsteilen ist durch die Zufälligkeit der Aufgabenstellung eine Nicht-Vorhersehbarkeit für die Lerner gegeben, ohne sie mit komplett unbekannten Formaten zu konfrontieren. Damit ist die Sorge unbegründet, dass bereits geprüfte Lerner ihren Mitschülern die Aufgaben mitteilen können.

Prüfungen am Vormittag durchzuführen empfiehlt sich vor allem deshalb, weil die Lerner wacher und leistungsfähiger sind als am Nachmittag. Falls auf den Nachmittag ausgewichen werden muss, sollte bedacht werden, dass die Prüfungen abgeschlossen sein sollten, bevor die letzten Schulbusse fahren, sonst könnten rechtliche Probleme entstehen.

Die Reihenfolge der zu prüfenden Paare wird den Schülerinnen und Schülern einige Tage vor der Prüfung mitgeteilt, damit sie sich auf ihr (ca. 10 –12-minütiges) Zeitfenster einstellen können. Dabei hat es sich bewährt, dass das gerade geprüfte Paar zurück in die Klasse geht und das nächste Paar zum Prüfungsraum schickt. In vielen Fällen reicht den beiden Prüfern diese Zeit schon für einen wesentlichen Teil ihrer Beratung und Notenfindung aus, die sich naturgemäß direkt an die Prüfung anschließen soll, solange der Eindruck noch präsent ist. In der Regel kann man für diese Nachbesprechung ca. 10 Minuten ansetzen. Die Prüfer werden jedoch feststellen, dass sie nach einigen Prüfungspaaren bereits eine gewisse Routine entwickeln und schneller werden. Natürlich sollten sich die Prüfer bereits im Vorfeld der Prüfung mit den Bewertungskriterien für die jeweilige Prüfung vertraut gemacht haben.

Falls es Differenzierungsgruppen am Prüfungstag gibt und die Schüler nicht den ganzen Tag im Klassenverband unterrichtet werden, sollte man dies bei der Bildung bzw. Festlegung der Reihenfolge der Paare berücksichtigen. Auch sollte darauf geachtet werden, dass die Schüler nicht aus der Sporthalle zur Prüfung gehen müssen, was sicher nicht praktikabel wäre.

Es bleibt den Prüfern überlassen, ob sie die Rückmeldebögen für Schüler und Eltern auch während der Beratungsphase ausfüllen (was diese Phase verlängern würde) oder ob die Bögen im Anschluss ausgefüllt und verteilt werden.

So arbeiten Sie mit diesem Buch

1 Hier werden die drei Prüfungsteile sowie die Worksheets erläutert. Außerdem finden Sie viele praktische Tipps.

2 Diese aufeinander aufbauenden Worksheets (als Kopiervorlagen) bereiten die Lerner auf die Prüfung vor und sind die Basis für die Unterrichtsreihe. Die farbige Codierung finden Sie zur besseren Zuordnung zu den Prüfungsteilen auch auf den Kopiervorlagen vor.

3 Hier finden Sie die Prüfungsteile sowie Arbeitsmaterial für den Prüfungstag.

Oral exam I: Getting to know each other (year 5)

Vorbereitung der mündlichen Prüfung

WS 1: Lucy's mind map and 1-minute presentation **WS 2:** 1-minute presentation – Talk about yourself **WS 3:** This is me!	**WS 4:** Make questions **WS 5:** Question cards **WS 6:** Keep talking!	**WS 7:** The activities memory **WS 8:** Let's do something together this afternoon! **WS 9:** Be friendly! **WS 10:** Let's find a compromise

Durchführung der mündlichen Prüfung

Part 1 – Monologue Talk about yourself *(1-minute-presentation)*	**Part 2 – Dialogue** Find out more about your partner *(question cards)* Schüler ziehen Karten, vervollständigen Fragen und entwickeln daraus ein Gespräch	**Part 3 – Dialogue** Agree on an afternoon activity with your partner *(picture cards)*

4 Die Bewertungskriterien variieren je nach Prüfung und beschreiben den Erwartungshorizont.

5 Die Evaluation Sheets werden auf S. 10 gesondert erläutert. Sie werden immer in Verbindung mit der Punkteskala auf S. 12 genutzt.

6 Der Rückmeldebogen gibt Eltern und Lernern differenziert Auskunft über die Ergebnisse jedes einzelnen Prüfungsteils.

So arbeiten Sie mit den Evaluation Sheets

Evaluation Sheet – Oral exam I: Getting to know each other (year 5)

Part I – Talk about yourself

Zweitprüfer

Name Schüler 1: ______________________

										Punkte	
Aussprache und Intonation	8	7	6	5	4	3	2	1	0		
Wortschatz und Strukturen (Korrektheit und Spektrum)	8	7	6	5	4	3	2	1	0		**2-fach**
Kommunikative Wirksamkeit und Nutzung von Strategien, Interaktion	8	7	6	5	4	3	2	1	0		**2-fach**
Aufgabenerfüllung und Inhalt	8	7	6	5	4	3	2	1	0		
								Total			

Name Schüler 2: ______________________

										Punkte	
Aussprache und Intonation	8	7	6	5	4	3	2	1	0		
Wortschatz und Strukturen (Korrektheit und Spektrum)	8	7	6	5	4	3	2	1	0		**2-fach**
Kommunikative Wirksamkeit und Nutzung von Strategien, Interaktion	8	7	6	5	4	3	2	1	0		**2-fach**
Aufgabenerfüllung und Inhalt	8	7	6	5	4	3	2	1	0		
								Total			

✂- -

Erstprüfer

Name Schüler 1:	**Name Schüler 2:**
Präsentationsdauer 1 Min. 10 Schlechte Aussprache bei "th" Hält Gespräch in Gang Benutzt deutsche Wörter	
allg. Eindruck:	**allg. Eindruck:**

Schüler 1		**Schüler 2**	
Note Erstprüfer		Note Erstprüfer	
Note Zweitprüfer		Note Zweitprüfer	
Gesamtnote Teil II		**Gesamtnote Teil II**	

Sie benötigen für jedes Schülerpaar jeweils einen Satz Evaluation Sheets (bestehend aus 3 Blättern).

Der Zweitprüfer markiert während der Prüfung die Punkte, die der Schüler ausgehend von den jeweiligen Bewertungskriterien erreicht hat.

Diese beiden Teile zählen aufgrund ihrer hohen Bedeutung bei Mündlichkeit doppelt, d.h. 6 Punkte bei „Wortschatz“ und 5 Punkte bei „Kommunikative Wirksamkeit“ wären beispielsweise 22 Punkte.

Bitte schneiden Sie das Blatt entlang dieser Linie durch, sodass Erst- und Zweitprüfer jeweils nur das für sie relevante Material vor sich haben.

Hier hat der Erstprüfer Platz, um sich zur Unterstützung seines Eindrucks zu jedem Prüfling Notizen zu machen.

Hier werden je Schüler die Eindrucksnoten notiert.

Die errechneten Noten des Zweitprüfers und die Eindrucksnoten des Erstprüfers ergeben gemittelt die Gesamtnote des Prüfungsteils. Auf der letzten Seite des Bewertungsbogens wird auf dieselbe Weise die Gesamtnote ermittelt.

Punkteskala für alle Prüfungen

Punkteskala mit Drittelnoten[1]

48 – 47	1+	46 – 45	1	44 – 43	1–
42 – 41	2+	40 – 39	2	38 – 37	2–
36 – 35	3+	34 – 33	3	32 – 31	3–
30 – 29	4+	28 – 27	4	26 – 24	4–
23 – 20	5+	19 – 16	5	15 – 12	5–
11 – 0	6				

Punkteskala mit ganzen Noten

1	2	3	4	5	6
48 – 43	42 – 37	36 – 31	30 – 24	23 – 12	11 – 0

[1] In einigen Bundesländern sind nur ganze Noten zulässig.

Punkteskala für alle Prüfungen

Punkteskala mit Drittelnoten[1]

48 – 47	1+	46 – 45	1	44 – 43	1–
42 – 41	2+	40 – 39	2	38 – 37	2–
36 – 35	3+	34 – 33	3	32 – 31	3–
30 – 29	4+	28 – 27	4	26 – 24	4–
23 – 20	5+	19 – 16	5	15 – 12	5–
11 – 0	6				

Punkteskala mit ganzen Noten

1	2	3	4	5	6
48 – 43	42 – 37	36 – 31	30 – 24	23 – 12	11 – 0

[1] In einigen Bundesländern sind nur ganze Noten zulässig.

Informationen über mündliche Prüfungen im Fach Englisch

Datum: ___________

Sehr geehrte Eltern der Klasse _______,

um der Tatsache Rechnung zu tragen, dass mündliche Leistungen im Fremdsprachenunterricht immer bedeutender werden und ab 2014 in Klasse 10 eine mündliche Prüfung verpflichtend durchgeführt werden muss, möchten wir Ihre Kinder bereits frühzeitig an dieses Prüfungsformat heranführen. Daher wird die Klassenarbeit Nr. _____ im Fach Englisch in der Klasse _____ durch eine mündliche Prüfung ersetzt.

Ebenso wie dies bei einer Klassenarbeit der Fall ist, werden Ihre Kinder im Unterricht intensiv auf die Prüfungsaufgaben vorbereitet. Die mündlichen Prüfungen finden am __________ zwischen _____ und _____ Uhr statt und die Kinder werden immer zu zweit geprüft. Die Paare werden von mir festgelegt. Der zeitliche Umfang wird ca. 10 – 12 Minuten pro Paar betragen. Die Prüfung hat das Thema ________________________________ und besteht aus folgenden drei Teilen:

1. Monologischer Teil (1-minute presentation), Thema: ______________________________

2. Dialogischer Teil, Thema: ______________________________

3. Dialogischer Teil, Thema: ______________________________

Besonders für Kinder, die mit schriftlichen Aufgaben Schwierigkeiten haben, bedeutet diese Art der Prüfung eine Chance, ihr Können zu zeigen und ihre Note zu verbessern.

Mit freundlichen Grüßen

____

- -

Bitte bestätigen Sie Ihre Kenntnisnahme dieses Schreibens mit Ihrer Unterschrift:

Ich habe zur Kenntnis genommen, dass in der Klasse meines Kindes ______________________ eine mündliche Prüfung im Fach Englisch durchgeführt wird.

Datum: __________ Unterschrift: ________________________

Informationen über Tonaufnahmen bei mündlichen Prüfungen im Fach Englisch

Datum: __________

Sehr geehrte Eltern der Klasse ______,

um der Tatsache Rechnung zu tragen, dass mündliche Leistungen im Fremdsprachenunterricht immer bedeutender werden und ab 2014 in Klasse 10 eine mündliche Prüfung verpflichtend durchgeführt werden muss, möchten wir Ihre Kinder bereits frühzeitig an dieses Prüfungsformat heranführen. Daher wird die Klassenarbeit Nr. _____ im Fach Englisch in der Klasse _____ durch eine mündliche Prüfung ersetzt.

Ebenso wie dies bei einer Klassenarbeit der Fall ist, werden Ihre Kinder im Unterricht intensiv auf die Prüfungsaufgaben vorbereitet. Die mündlichen Prüfungen finden am __________ zwischen _____ und _____ Uhr statt und die Kinder werden immer zu zweit geprüft. Die Paare werden von mir festgelegt. Der zeitliche Umfang wird ca. 10 – 12 Minuten pro Paar betragen. Die Prüfung hat das Thema ______________________________ und besteht aus folgenden drei Teilen:

1. Monologischer Teil (1-minute presentation), Thema: ____________________________

2. Dialogischer Teil, Thema: ____________________________

3. Dialogischer Teil, Thema: ____________________________

Besonders für Kinder, die mit schriftlichen Aufgaben Schwierigkeiten haben, bedeutet diese Art der Prüfung eine Chance, ihr Können zu zeigen und ihre Note zu verbessern.

Damit der Höreindruck der Prüfungen für die spätere Beratung wiederholt werden kann, möchten wir gern Tonaufnahmen von den Beiträgen der Schülerinnen und Schüler anfertigen. Das Tonmaterial wird ausschließlich für den Zweck der Prüfung und Beratung verwendet und anschließend wieder gelöscht.

Mit freundlichen Grüßen

____

Bitte bestätigen Sie Ihre Kenntnisnahme dieses Schreibens mit Ihrer Unterschrift:

Ich habe zur Kenntnis genommen, dass in der Klasse meines Kindes ____________________ eine mündliche Prüfung im Fach Englisch durchgeführt wird. Weiterhin ist mir bekannt, dass zu Beratungszwecken Tonaufnahmen von der Prüfung meines Kindes angefertigt werden.

Datum: __________ Unterschrift: ______________________

Oral exam I: Getting to know each other (year 5)

Vorbereitung der mündlichen Prüfung

WS 1: Lucy's mind map and 1-minute presentation
WS 2: 1-minute presentation – Talk about yourself
WS 3: This is me!

WS 4: Make questions
WS 5: Question cards
WS 6: Keep talking!

WS 7: The activities memory
WS 8: Let's do something together this afternoon!
WS 9: Be friendly!
WS 10: Let's find a compromise!

Durchführung der mündlichen Prüfung

Part 1 – Monologue
Talk about yourself
(1-minute-presentation)

Part 2 – Dialogue
Find out more about your partner *(question cards)*
Schüler ziehen Karten, vervollständigen Fragen und entwickeln daraus ein Gespräch

Part 3 – Dialogue
Agree on an afternoon activity with your partner
(picture cards)

Durchführung der Reihe/Vorbereitung :	je nach Lerngruppe ca. 12 Stunden à 45 Minuten
Prüfungsform:	Schülerpaare. Die Paare sollen bereits zu Beginn der Vorbereitung feststehen, sodass die Lernenden während der gesamten Übungsphase mit ihrem Prüfungspartner zusammenarbeiten und sich auf ihn einstellen können.
Dauer der Prüfung:	ca. 12 Minuten pro Paar plus ca. 10 – 12 Minuten Nachbesprechung und Bewertung direkt im Anschluss
Allgemeine Hinweise:	Den Schülerinnen und Schülern sollte das gesamte Prüfungsmaterial bereits aus der Vorbereitungsphase bekannt sein. Die unbekannte Prüfungssituation ist sehr aufregend und es ergeben sich vor allem in den Teilen 2 und 3 genügend spontane und unvorhergesehene Frage-Antwort-Konstellationen. Die Prüflinge dürfen keine schriftlichen Notizen mit in die Prüfung bringen.

Vorbereitung der mündlichen Prüfung

Erläuterungen zur Unterrichtsreihe und zu den Worksheets

Part 1 – Monologue: Talk about yourself (1-minute presentation)

Die Vorbereitung des ersten Prüfungsteils sollte mit diesem monologischen Teil beginnen, weil die Schülerinnen und Schüler ihn gut zu Hause vorbereiten, überarbeiten und auswendig lernen können. Für die Prüfung selber empfinden die Lernenden es als beruhigend, wenn sie mit einem gut vorbereiteten Teil beginnen können. Lerner sind in der Regel sehr motiviert, über sich, ihre Familie, Freunde und Hobbys zu reden.

Worksheet 1: Lucy's mind map and 1-minute presentation

An diesem Beispiel sollen die Lerner sehen, wie sie eine Präsentation mit einer Mindmap vorbereiten und daraus ihren Text formulieren können. Im Anschluss daran erstellen sie eine eigene Mindmap. Die Lernenden sollen an dieser Präsentation sehen, dass es unter anderem darauf ankommt, seine Ideen zu bündeln, d.h. jedes Teilthema des Vortrages erschöpfend vorzutragen, bevor das nächste begonnen wird.

Worksheet 2: 1-minute presentation – Talk about yourself

Dieses Worksheet soll die Schülerinnen und Schüler mit den grundlegenden Regeln einer Präsentation vertraut machen, es bietet allgemeine Tipps und enthält gleichzeitig viel *language support* für jeden Teil ihres Vortrags. Da viele Schülerinnen und Schüler Schwierigkeiten mit dem Vortragen vor der gesamten Lerngruppe haben, sollte die Lehrkraft besonders auf die Tipps in der Box *This makes a presentation better* hinweisen, ebenso wie auf die Struktur einer Präsentation. Die Redemittel sollten im Plenum zunächst geklärt werden, damit die Lerner sie für sich nutzen und ausbauen können.

Worksheet 3: This is me!

Die Schülerinnen und Schüler schreiben ihren Präsentationstext (z.B. als vorbereitende Hausaufgabe) auf die weißen Zeilen. Ggf. benötigen sie aus Platzgründen eine weitere Kopie von diesem Worksheet. Vor der Besprechung der Ergebnisse in der Klasse sollten die Produkte zunächst mit einem Partner ausgetauscht und auf den grau hinterlegten Linien korrigiert und ergänzt werden. Vor der Präsentation im Plenum erfolgt noch ein weiterer Zwischenschritt: Die Lernenden werden in Dreiergruppen eingeteilt und tragen sich ihre Präsentationen vor. Die Aufgabe der Zuhörer ist es, die Zeit zu stoppen und (mit dem Worksheet E *Feedback for presentations,* S. 156) Feedback zu geben. Die Erfahrung zeigt, dass viele Lernende bei den ersten Versuchen weniger als eine Minute reden.

Talk to me!

Worksheet D: How to give feedback (S. 155)
Bevor die Lerner sich tatsächlich eine Rückmeldung zu den Präsentationen geben, sollten sie trainieren, wie eine solche Rückmeldung in der Zielsprache formuliert werden kann. Erläuterungen dazu finden Sie auf S. 150.

Worksheet E: Feedback for presentations (S. 156)
Die eigentliche Rückmeldung zu den Präsentationen sollte nun in Dreiergruppen anhand dieser *feedback sheets* stattfinden, und später auch im Plenum. Im Laufe der Prüfungsvorbereitung sollte die Lehrkraft immer wieder 2–3 Lernern die Gelegenheit geben zu präsentieren, damit die Qualität stetig verbessert werden kann.

Part 2 – Dialogue: Find out more about your partner (question cards)

Als Vorbereitung auf den Dialog (unterstützt durch Fragekärtchen) sollen die Lernenden in der Übungsphase zunächst alle Fragen ausformulieren, die auf den Kärtchen lediglich als Versatzstücke notiert sind, und hierbei ggf. von der Lehrkraft korrigiert werden. Wenn sie dann beginnen, ihrem Partner Fragen zu stellen bzw. die Fragen des Partners zu beantworten, ergibt sich oft ein „Ping-Pong-Spiel" (Frage, Antwort, nächste Karte, Frage, Antwort, nächste Karte...). Das Ziel ist jedoch, ein **Gespräch** zu führen, inklusive aktivem Zuhören, Nachfragen, Kommentieren, Interessebekunden und der Suche nach Überleitungen. Theoretisch könnten die Schüler also während des gesamten zweiten Teils über eine einzige Karte reden, wenn es ihnen gelingt, das Gespräch immer weiterzuspinnen. Die Fragekärtchen dienen nur als Stütze, falls dies nicht gelingt. Das Worksheet F *Feedback for dialogues* (S. 157) und vor allem Worksheet 6 *Keep talking!* (S. 26) sind für die Vorbereitung dieser Aufgabe gedacht, ebenso wie die Worksheets A–C auf S. 152–154. Auch dieser Prüfungsteil kann zunächst einem anderen Paar, dann im Plenum vorgestellt werden, damit gemeinsam überlegt werden kann, wo ein Gesprächsthema „aus- oder angebaut" werden kann. Hier brauchen die Lernenden in der Regel viel Unterstützung und müssen von Anfang an wissen, dass während der Prüfung ein Gespräch von ihnen erwartet wird. Nicht zuletzt gehört zu einem Gespräch auch, dass die Lernenden einander zugewandt sitzen und sich anschauen, damit sie Gestik und Mimik einsetzen können. Die Schülerinnen und Schüler tun dies jedoch nicht von allein, deshalb sollte die Lehrkraft sie ausdrücklich darauf hinweisen.

Worksheet 4: Make questions

Dieses Worksheet stellt den Lernenden die komplette Auswahl der Fragen vor, die ihnen auch in der Prüfung begegnen können. Sie sollen zunächst in Einzelarbeit aus den Versatzstücken möglichst viele vollständige und korrekte Fragen ausformulieren. Dann kann zu zweit und im Plenum ergänzt werden, sodass jeder Lerner einen kompletten Satz an Fragen zur Verfügung hat. Außerdem können Fragealternativen notiert werden, da es bei einigen Karten mehrere Möglichkeiten der Formulierung gibt (z.B. Karte Nr. 4: *Have you got a garden?/What have you got in your garden?*, etc.) Zum Schluss sollen die Schüler mindestens sechs ihrer Fragen beantworten.

Worksheet 5: Question cards

Hier finden sich noch einmal dieselben Fragekärtchen in größerem Format. Sie können laminiert, ausgeschnitten und in Briefumschläge gesteckt werden (1 Umschlag pro Paar) und kommen dann in der Prüfung zum Einsatz, aber die Lernenden sollen auch bereits vor der Prüfung immer wieder damit üben.

Worksheet 6: Keep talking!

Wie bereits in den Erläuterungen zu Worksheet 4 erwähnt, ist das Ziel der Übung ein Gespräch, d.h., die Schülerinnen und Schüler sollen möglichst lange über eine Karte oder ein Thema reden. In Worksheet 6 sollen sie zunächst anhand einer Beispielunterhaltung reflektieren, warum diese langweilig ist. Im nächsten Schritt sollen sie erarbeiten, was dem Gespräch fehlt und wie und wo Teile eingefügt werden können, damit der Austausch spannender wird.

Im Anschluss an dieses Worksheet brauchen die Lerner viel Zeit, um mit den *question cards* zu üben. Die Lehrkraft sollte diesen Gesprächen immer wieder zuhören, einhaken, wo „verpasste" Gesprächsgelegenheiten sind, und zum Ausbau und zur Weiterentwicklung eines Gesprächsstrangs – auch im Plenum – ermutigen.

Worksheet F: Feedback for dialogues (S. 157)
An dieser Stelle sollte das *Feedback for dialogues* (siehe Erklärung dazu S. 151) eingesetzt werden, um die Qualität der Dialoge anhand bestimmter, schülergerecht formulierter Kriterien zurückzumelden.

Part 3 – Dialogue: Agree on an afternoon activity with your partner (picture cards)

In diesem Teil sollen die Lernenden eine Freizeitaktivität für den Nachmittag miteinander aushandeln. Um zu vermeiden, dass die Prüflinge sich der Einfachheit halber eine Aktivität vorschlagen und dieser direkt zustimmen, sieht die Aufgabenstellung vor, dass jeder Prüfling drei Bildkarten zieht (die der Prüfer aus dem *activities memory*, Worksheet 7, nehmen kann) und daraus die für ihn ansprechendste auswählt. Diese Aktivität soll er nun bewerben und seinen Partner überzeugen, sich am Nachmittag dazu zu treffen. Da beide Partner dieselbe Aufgabe haben, muss also eine Einigung erzielt werden. Die Lerner sollen sich interessiert, kompromissbereit und verhandlungsfähig zeigen.

Worksheet 7: The activities memory

Als Vorbereitung zu ihrer Verabredung lernen die Schülerinnen und Schüler die zur Auswahl stehenden Aktivitäten spielerisch durch ein Memory kennen und die Aktivitäten werden dadurch eingeschliffen und vertieft. Sie sollen zuerst alle Bild- und Wortkarten passend nebeneinanderlegen, kontrollieren und dann das Memory nach den bekannten Regeln spielen. Ebenso wie bei den *question cards* empfiehlt es sich, für jedes Schülerpaar einen Bild- und Wortkartensatz zu laminieren und in einen Briefumschlag zu stecken, damit sie mehrfach zum Üben genutzt werden können. Beim Englischreden während des Spiels hilft die *word box* auf der zweiten Seite.

Worksheet 8: Let's do something together this afternoon!

Dieses Worksheet soll die Lernenden mit den Möglichkeiten vertraut machen, eine Freizeitaktivität vorzuschlagen und darauf zustimmend oder ablehnend zu reagieren. Dies geschieht in Form einer Tabelle, die diese drei Kategorien vorgibt. Darunter finden sich Sätze, die entsprechend einsortiert werden müssen. Als Tipp für die Schülerinnen und Schüler steht unter jeder Spalte, wie viele Sätze gefunden werden müssen.

Worksheet 9: Be friendly!

Im nächsten Schritt soll die Aufmerksamkeit der Lernenden dafür geschärft werden, dass es freundliche und unfreundliche Absagen gibt und was diese beiden Kategorien unterscheidet. Dazu sollen sie zunächst die vier unfreundlichen Reaktionen aus der 3. Spalte des Worksheet 8 herausfinden und kurz reflektieren, warum sie sie als unfreundlich empfinden und was die übrigen Absagen netter macht. Dies sollte auf Deutsch geschehen, um den Ertrag sicherzustellen. Zur Anwendung der Erkenntnisse findet sich im zweiten Teil dieses Worksheets ein Dialog zwischen Sandra und Paula, den die Lerner umschreiben sollen, sodass Paulas Antworten freundlicher werden.

Worksheet 10: Let's find a compromise!

Auf dem letzten, doppelseitigen Worksheet werden die Lerner durch das freundliche Aushandeln einer Freizeitaktivität geleitet. Jeder Diskussionsschritt ist einer Nummer und einer Farbe zugeordnet, die den Lernenden später dabei helfen, eigene Diskussionen aus den Bausteinen zu entwickeln. Dabei stehen ihnen je Baustein mehrere Möglichkeiten zur Verfügung. Auf dem zweiten Blatt soll vor der Bearbeitung das untere Drittel nach hinten gefaltet werden, sodass die Schülerinnen und Schüler es nicht mehr sehen. Dann sollen sie aus den Bausteinen eine Diskussion entwickeln und anschließend mit dem Lösungsbeispiel vergleichen. Sobald dies gelungen ist, können die Lerner mit diesem Worksheet und den Aktivitäten aus Worksheet 7 in eine freiere Übungsphase gehen.

Lucy's mind map and 1-minute presentation

Lucy's mind map

This is a mind map about Lucy. You can find information about her family, her friends, her hobbies and her pet.

my hobbies

- reading
- playing the guitar – lessons every Friday afternoon
- horse-riding
  Skippy = favourite horse

basics

- 11 years old
- Manchester
- flat
- share room with Jane – not nice!

my family

- my mum Cindy, 37, works in a bookshop
- my dad Paul, 39, caretaker
- parents divorced
- mum's new boyfriend Peter, 38, mechanic
- my sister Jane, 3, – a pain!
- my grandma Milly, 71, Birmingham

my friends

- Sarah, 13, in my class
- Julia 12, neighbour
- Carol, 12, neighbour, best friend
  – sleepover parties
  – play in our garden

my pet

rabbit Jonathan:
- very sweet
- fluffy[1] black and white fur
- long ears
- loves carrots

Lucy's 1-minute presentation

Hello, I would like to tell you a few things about myself. My name is Lucy and I'm 11 years old.

First I am going to tell you where I live and about our flat. After that I will talk about my family, my friends and my hobbies. Finally, I am going to tell you a few things about my pet.

I live in Manchester. We live in a flat with a balcony. Our flat is very nice, but I haven't got my own room. I must share a room with my sister Jane; that's not nice, because she can sometimes be a real pain!

My family, that's my mum Cindy, my dad Paul and my sister Jane. My parents are divorced. I live with my mum, her new boyfriend Peter and my little sister. My dad is a caretaker, and he's 39 years old. My mum works in a bookshop and she's 37, and Peter is a mechanic. Sometimes I'm sad that my parents are divorced, but I see my dad very often, and Peter is nice. I love my grandma Milly, but she doesn't live with us. She's 71 and she lives in Birmingham.

[1] **fluffy** – flauschig

Now let me tell you about my friends and my hobbies. I have got three good friends: Sarah, Carol and Julia. Julia and Carol are my neighbours; they are both 12 years old, and Sarah is in my class. She's 13.

I like them very much, but Carol is my best friend. We often play in the garden or have sleepover parties at the weekends – that's good fun!

My hobbies are horse-riding, reading and playing the guitar. I have guitar lessons every Friday afternoon. I like reading when I am on my own or before I go to sleep, but Mum says that I must stop at 9 o'clock. And horse-riding is great! My favourite horse is Skippy.

Finally, I will tell you a few things about my pet. I have got a rabbit and he is called Jonathan. He loves carrots, and he is very sweet. Jonathan has got fluffy, black and white fur and his ears are very long and soft.

That's all about me. Thank you for listening.

Now you!

Make a mind map about yourself.

my hobbies

basics

my family

(your picture)

my friends

my pet

1-minute presentation – Talk about yourself

This makes a presentation better:

- Look at your group and keep eye contact.
- Stand on both feet and relax.
- Say what your presentation is about before you start.
- Speak freely (without reading) and use key words.
- Thank your listeners at the end.

You can use these phrases:

Beginning: (say what your presentation is about)	I would like to introduce myself/to tell you a few things about myself.
Structure:	First, I am going to tell you about ... my family/our house/ my new school ... Then/After that, I will talk about ... my hobbies/my friends ... Finally/At the end, I'll tell you about ... my pet/ ...
Main part: (Hauptteil)	• I live in ... with ... • We live in a flat/a house ... • In our garden there is ... • I have got a cat ... • I like my dog because ... • I always take him for a walk at .../in ... • My best friends are ... • I don't like ... because ... • I like ... because ... • My hobby is .../my hobbies are ... • I like (football) because ... • ...
End:	That's all about me. Thank you for listening. Over to you./Now it's your turn. (Have you got any questions?)

This is me!

At home:

Write a presentation about yourself and use the structure and sentences on the worksheet *1-minute presentation.* Use only the white lines for writing. You might need a second sheet. When you have finished, read it out loud (not too slowly, not too fast!) and time yourself[1]. You must talk for 60 seconds!

In class:

Read your presentation to the other two people in your group. Is it long enough or is it too short? You can use the grey lines to correct words or sentences or to write more about yourself.

[1] time yourself – stoppe deine Zeit

Make questions

Look at these question cards. Can you find the missing words and write complete questions?

1	What ... favourite subject?	2	... a pet?	3	... brothers or sisters?	4	... garden?
5	... house/flat?	6	... friends?	7	Can ... an instrument?	8	What ... favourite books?
9	What ... favourite music?	10	What ... hobbies?	11	... favourite day?	12	What ... your room?
13	What ... favourite film?	14	What ... favourite food?	15	What ... on Sundays?	16	How ... to school?

Write your questions into these lines:

1	
2	Have you got a pet?
3	
4	
5	
6	
7	
8	
9	
10	
11	
12	
13	
14	
15	
16	

Can you also make different questions? Find at least four cards where you can make different questions. Write the card numbers into the little boxes:

2	What is your pet's name?

And now find answers to at least six questions. Again, write the card numbers into the little boxes:

Question	**13**	What is your favourite film?
Answer		My favourite film is "Chicken Run".
Question		
Answer		
Question		
Answer		
Question		
Answer		
Question		
Answer		
Question		
Answer		
Question		
Answer		

Question cards

1	2	3	4
What ... favourite subject?	... a pet?	... brothers or sisters?	... garden?
5	**6**	**7**	**8**
... house/flat?	... friends?	Can ... an instrument?	What ... favourite books?
9	**10**	**11**	**12**
What ... favourite music?	What ... hobbies?	... favourite day?	What ... your room?
13	**14**	**15**	**16**
What ... favourite film?	What ... favourite food?	What ... on Sundays?	How ... to school?

Keep talking!

a) Sarah and Pete are taking cards, asking questions and giving answers. Read what they say.

Card no.		
2 ... a pet?	**Sarah:** **Pete:**	Have you got a pet? Yes, I've got a dog. **(takes the next card ...)**
6 ... friends?	**Pete:** **Sarah:**	Who are your friends? My friends are Julia and Sandra. **(takes the next card ...)**
9 What ... favourite music?	**Sarah:** **Pete:**	What is your favourite music? My favourite music is rap. **(takes the next card ...)**

b) Talk to a partner (you can speak German).

- Why is this conversation boring?
- How can it be more interesting?

c) Now you! Try to make this conversation more interesting.

Example: Sarah: Have you got a pet?
Pete: Yes, I've got a dog.

What could Sarah say to Pete or ask him?

1) *She could ask:* What's his name?
2) *or she could say:* Cool! I've got a dog, too; it's a collie. And your dog?
3) *or:* Oh really? I can't have a dog because my mum hates them.
...

What could Pete answer?

1) *He could say:* It's a she. Her name is Dora.
2) *or:* My dog is a golden retriever. Her fur is golden and soft.
3) *or:* Poor you. Have you got another pet then?
...

Continue the conversation:

Pete: Who are your friends?
Sarah: My friends are Julia and Sandra.

Pete:

1) ____________________

or: 2) ____________________

Sarah:

1) ____________________

or: 2) ____________________

Sarah: What is your favourite music?
Pete: My favourite music is rap.

Sarah:

1) ____________________

or: 2) ____________________

Pete:

1) ____________________

or: 2) ____________________

The activities memory

go skateboarding	go horse-riding	play basketball	go to the cinema
play football	eat an ice cream	go shopping	play computer games
listen to music	go swimming	go to the burger snack bar	go to the playground
play badminton	take the dog for a walk	ride our bikes	chill out with friends

1. Cut up the picture cards and the word cards.
2. Match the pictures and the words.
3. Now turn over the cards, shuffle[1] them, spread[2] them out on the table in front of you and play memory. Who can find the most matching pairs? Use the sentences from the word box when you play!

Word box

Look, this is a match! I think this sentence and this picture go together. No, that's not a match. Turn the cards over again.	It's my turn. You can have another go. I've won! Let's play again!

[1] to shuffle – mischen
[2] to spread – ausbreiten

Let's do something together this afternoon!

On this worksheet you find lots of sentences you need if you want to meet a friend – but they are all mixed up. Copy the grid below into your exercise book. Try to fit the sentences into 3 categories:

You can use these sentences ...		
1. ... to talk about an idea	**2. ... to say you like an idea**	**3. ... to say you don't like an idea**
(Tip: you must find 6 sentences here)	(Tip: you must find 4 sentences here)	(Tip: you must find 8 sentences here)

Would you like to go horse-riding after school?

Yes, let's meet. But I think the playground is a bit boring.

We could eat an ice cream later!

How about playing computer games this afternoon?

Computer games? Cool, why not!

It's nice that you ask, but I don't really like swimming.

I hate swimming!

That's a good idea, but I think basketball is more fun.

Why don't we go to the cinema this afternoon?

No, I don't want that.

What a good idea!

I've got an idea. We could go shopping after school!

Oh, my God, no!

Yes, I'd like that!

Let's play football at three o'clock!

How boring!

Hmm, I'm not sure. But perhaps we could ... !

That sounds great!

Be friendly!

Look again at the sentences you need if you don't like an idea (worksheet 8, no. 3 in the grid). Most of them are friendly, but some are unfriendly.

Can you name the four unfriendly sentences?

1. ______________________________

2. ______________________________

3. ______________________________

4. ______________________________

Why are they unfriendly? *(You can answer in German.)*

____

____

Why do you like the other sentences in no. 3 more? *(You can answer in German.)*

____

____

Now read this dialogue between Sandra and Paula. Paula is not very friendly.

Do you think, Paula and Sandra will meet in the afternoon? ... No, of course not, because

____

Have you got better ideas for Paula's answers no. 1 and 2?

1. ______________________________

____

2. ______________________________

____

Let's find a compromise!

You would like to meet your partner this afternoon and you already know what you would like to do with him/her. Your partner also wants to do something with you, but he/she has got a different idea. How can you have a friendly discussion and find a compromise? Use the words from the boxes and make a conversation with your partner.

1 – Partner A

I've got an idea. Let's Why don't we Would you like to Can we	watch a DVD go to the cinema …	this afternoon at three o'clock today later today after school	. ?

2 – Partner B

Sounds good, Great idea, Yes, why not, Yes, let's do something together, It's nice that you ask,	but I think but maybe but perhaps	playing hockey going shopping …	is a better idea. is more fun.
	but I don't really like	watching DVDs. …	
Hmm … I'm not sure.	Don't you think	watching DVDs going to the cinema …	is a bit boring?

3 – Partner B

So how about But what about	playing hockey? going shopping? …

4 – Partner A

Hmm! Playing hockey/…? OK. But then let's	watch a DVD go to the cinema …	tomorrow. at the weekend. on Thursday. …

5 – Partner B

Ok, that's a good idea.
Yes, let's do that; that's fair.
That's a good compromise.
Fair enough, why not!

Fold back[1] the bottom part of this worksheet. Then try to write down a discussion with your partner. The numbers will help you. You can also use other activities that you know. When you have finished, you can look at the example at the bottom part of this page.

Discussion:

1	**Partner A** (Vorschlag)	
2	**Partner B** (freundliches Ablehnen)	
3	**Partner B** (Gegenvorschlag)	
4	**Partner A** (Zustimmung und Kompromiss)	
5	**Partner B** (Zustimmung)	

-- Fold back here --

Now compare your discussion with this example. (There are lots of other options!)

1	**Partner A** (Vorschlag)	I've got an idea. Let's go to the cinema at three o'clock today.
2	**Partner B** (freundliches Ablehnen)	Hmm … I'm not sure. Don't you think going to the cinema is a bit boring?
3	**Partner B** (Gegenvorschlag)	So how about going shopping?
4	**Partner A** (Zustimmung und Kompromiss)	Hmm! Going shopping? OK. But then let's go to the cinema on Thursday.
5	**Partner B** (Zustimmung)	Yes, let's do that; that's fair.

Now practice with lots of other activities. You can look at the activities memory if you need more examples.

[1] fold back – falten, umknicken

Durchführung der mündlichen Prüfung

Die Prüfung: Getting to know each other (year 5)

	Arbeitsanweisungen an die Prüflinge	Material/Unterlagen der Prüfer
Part 1 – Monologue (beide Schüler hintereinander)	Welcome to our oral exams today. It is an English exam, so we would like you to speak English only – with us and also with your partner. As you know, the exam has got three parts. In part 1, I would like you to talk about yourself in a 1-minute presentation. So when you're ready, you can start.	• Bewertungskriterien (S. 35) • Punkteskala (S. 12) • Evaluation Sheet, Part 1 (S. 39)
Part 2 – Dialogue	Thank you very much! In the second part, I would like you to draw a card and make a question out of the words on the card. Your partner will then answer the question and you can start a conversation: you can ask back, you can talk about yourself, you can show interest … So please start now.	• Bewertungskriterien (S. 35) • Punkteskala (S. 12) • 14 (laminierte) Karten (Worksheet 5), auf denen die Versatzstücke der Fragen notiert sind. Die Karten liegen verdeckt auf dem Tisch. • Evaluation Sheet, Part 2 (S. 40)
Part 3 – Dialogue	OK, let's go over to our third part now. In front of you, there are lots of activity cards. Please take three each and turn them over, so that you can see the pictures. Out of these three activities, choose the one you like best and put the others back. Now ask your partner, if he/she would like to do this activity with you this afternoon. Find a friendly compromise.	• Bewertungskriterien (S. 35) • Punkteskala (S. 12) • Evaluation Sheet, Part 3 (S. 41) • (laminierte) Karten (Worksheet 7 *The activities memory*), die verdeckt auf dem Tisch liegen

Die Prüflinge dürfen sich zu keinem der Prüfungsteile Notizen mitbringen.

Bewertungskriterien für Oral Exam I: Getting to know each other (Year 5)

Punkte	Aussprache/Intonation	Wortschatz[1] und Strukturen (Korrektheit und Spektrum) (zählt doppelt)	Kommunikative Wirksamkeit, Nutzung von Strategien und Interaktion (zählt doppelt)	Aufgabenerfüllung/ Inhalt
8–7	Kann das bekannte Repertoire von Wörtern und Redewendungen trotz Akzent durchgehend deutlich und klar aussprechen (inkl. lebhafter Vortrag in Prüfungsteil 1). Unterstützt durch lebendige Betonung die kommunikativen Absichten. Beachtet die Besonderheiten der englischen Aussprache (z.B. „th“, „v“, „w“, etc.) sowie des *word stress.*	Weitestgehend korrekter Einsatz bekannter, einfacher lexikalischer und grammatikalischer Strukturen (*simple present*, Fragestellung mit *to be, to do, have got*, Häufigkeitsad-verbien, Satzstellung, Subjekt- und Objektpronomen ...). Wendet das gesamte Spektrum des bisher bekannten Wortschatzes (siehe Anlage) sowie der vertrauten Strukturen an, inkl. Redemittel für Vorschläge, Zustimmung, Ablehnung, Einigung.	Äußerungen sind weitestgehend flüssig, zusammenhängend, geschickte und spontane Kommunikation. **Teil 1:** Handelt aus, wer beginnt, gute Präsentation durch Weiterverfolgung der Gedankenstränge und Aufgreifen von Ideen. Nutzung von *gap fillers* bei Pausen. **Teil 2:** Partner hört aktiv zu, äußert Interesse, fragt nach, gibt Fragen zurück, hält Gespräch in Gang, weiß sich bei Pausen mit *gap fillers* zu helfen. Interagiert intensiv mit seinem Partner, handelt aus, wer beginnt, an der Reihe ist etc. Kann um Hilfe bitten, nutzt Umschreibungen, Gestik und Mimik. **Teil 3**: Schlägt Freizeitaktivitäten vor, lehnt Vorschläge höflich ab, macht einige Gegenvorschläge, erzielt eine Einigung. Weiß sich bei Pausen mit *gap fillers* zu helfen, interagiert intensiv mit seinem Partner, handelt aus, wer beginnt, an der Reihe ist etc. Kann um Hilfe bitten, nutzt Gestik und Mimik.	**Teil 1:** Redet eine Minute oder länger über sich und deckt mehrere Teilbereiche ab. Erfüllt die gestellte Aufgabe in vollem Umfang. Kann einfache und konkrete Sachverhalte aus einem begrenzten und bekannten Repertoire präzise und flüssig darstellen. **Teil 2:** Erfüllt die gestellten Aufgaben in vollem Umfang. Kann lange über eine Karte reden, die Beiträge sind zielführend und flüssig. **Teil 3:** Erzielt mit seinem Partner anhand mehrerer Vorschläge und Gegenvorschläge sowie sinnvoller Zustimmung bzw. Ablehnung eine Einigung über eine Freizeitaktivität und beachtet die Regeln der Höflichkeit.

[1] s. S. 38

Punkte	Aussprache/Intonation	Wortschatz und Strukturen (Korrektheit und Spektrum) (zählt doppelt)	Kommunikative Wirksamkeit, Nutzung von Strategien und Interaktion (zählt doppelt)	Aufgabenerfüllung/ Inhalt
6–5	Kann das bekannte Repertoire von Wörtern und Redewendungen trotz erkennbarem Akzent überwiegend deutlich und klar aussprechen (inkl. lebhafter Vortrag in Prüfungsteil 1). Unterstützt meist durch Betonung die kommunikativen Absichten. Beachtet überwiegend die Besonderheiten der englischen Aussprache (z.B. „th“, „v“, „w“, etc.) ebenso wie des *word stress*.	Verwendet einige grammatikalische Strukturen und Teile des bekannten Wortschatzes meist korrekt.	**Teil 1:** Meist sinnvolle und zusammenhängende Beiträge, gelegentliche Nutzung von *gap fillers* bei Pausen. **Teil 2:** Interagiert in den meisten Fällen mit seinem Partner, äußert häufig Interesse, hört teilweise aktiv zu, hält Gespräch teilweise in Gang. Nutzt teilweise Gestik und Mimik. **Teil 3:** Schlägt Freizeitaktivitäten vor, lehnt Vorschläge häufig höflich ab, macht Gegenvorschläge, erzielt eine Einigung. Weiß sich bei Pausen häufig mit *gap fillers* zu helfen, interagiert mit seinem Partner (s.o.). Nutzt teilweise Gestik und Mimik.	**Teil 1:** Redet knapp unter einer Minute, deckt einige Teilbereiche ab. Erfüllt die gestellten Aufgaben bzw. die Rollen in angemessenem Umfang. **Teil 2:** Erfüllt die gestellten Aufgaben bzw. die Rollen in angemessenem Umfang. Kann auf eine Karte eingehen, Beiträge sind häufig zielführend und flüssig. **Teil 3:** Erzielt mit seinem Partner anhand einiger Vorschläge und Gegenvorschläge sowie überwiegend sinnvoller Zustimmung bzw. Ablehnung eine Einigung über eine Freizeitaktivität und beachtet häufig die Regeln der Höflichkeit.
4–3	Insgesamt noch deutliche Aussprache und Intonation, teilweise störende Mängel. Wenig Betonung. Einige Fehler bei den Besonderheiten der englischen Aussprache (s.o.)	Macht bei Lexik und Grammatik teilweise gravierende Fehler, die das Verständnis beeinträchtigen. Verwendet nur wenig der bekannten Lexik und nur wenige Strukturen. Einige muttersprachliche/ deutsche Einstreuungen.	**Teil 1:** Beiträge sind teilweise stockend und nicht immer sinnvoll, macht Pausen ohne gap fillers. Einige Wiederholungen. **Teil 2:** Beansprucht die Geduld des Partners. Interagiert eingeschränkt mit dem Partner, macht Pausen ohne gap fillers. Hört kaum aktiv zu, hält Gespräch kaum in Gang. Kaum Gestik und Mimik. **Teil 3:** Vorschlag von Freizeitaktivitäten eingeschränkt, ebenso höfliche Reaktion und Gegenvorschlag. Macht Pausen ohne *gap fillers*, Einigung mühsam.	**Teil 1:** Redet deutlich unter einer Minute. Erfüllt die gestellten Aufgaben nur teilweise. **Teil 2:** Erfüllt die gestellten Aufgaben nur teilweise. Kann kurz bei einem Thema bleiben, Entwicklung eines Gesprächsstranges daher eingeschränkt. **Teil 3:** kann eingeschränkt Vorschläge zu Freizeitaktivitäten machen, diese höflich ablehnen bzw. eigene Vorschläge machen.

Punkte	Aussprache/Intonation	Wortschatz und Strukturen (Korrektheit und Spektrum) (zählt doppelt)	Kommunikative Wirksamkeit, Nutzung von Strategien und Interaktion (zählt doppelt)	Aufgabenerfüllung/ Inhalt
2–1	Häufige Mängel, erhebliche Beeinträchtigung des Verständnisses durch fehlerhafte Intonation und Aussprache.	Überwiegend fehlerhafter Einsatz von Lexik und Strukturen, die das Verständnis sehr stark beeinträchtigten. Sehr elementares Repertoire an Lexik und Strukturen. Häufige muttersprachliche/ deutsche Einstreuungen.	**Teil 1:** Beiträge sind sehr stockend und kaum sinnvoll, lange Pausen ohne *gap fillers* **Teil 2:** Pausen strengen den Partner an. Interagiert kaum, dadurch sehr eingeschränkte und zähe Kommunikation. Keine Gestik und Mimik. **Teil 3:** Sehr eingeschränkte Kommunikation über Freizeitaktivitäten, zähe und kaum nachvollziehbare Einigung. Keine Gestik und Mimik.	**Teil 1:** Präsentation nur in Ansätzen gehalten bzw. abgebrochen **Teil 2:** Erfüllt die gestellten Aufgaben nur ansatzweise. Gespräch ist inhaltlich kaum zielführend. Keine Entwicklung von Gesprächssträngen. **Teil 3:** Kann kaum Freizeitaktivitäten vorschlagen, bzw. auf Vorschläge eingehen, beachtet kaum die Regeln der Höflichkeit.
0	Unverständlich	Völlig unzureichend und inadäquat	Beiträge unbrauchbar, keine Kommunikation möglich, keine Interaktion.	Erfüllt die Aufgaben nicht.

Anlage: Eingeführter Wortschatz als Grundlage für die Prüfung (Erwartungshorizont):

Präsentation	I would like to introduce myself/ talk about myself. I am going to talk about my ..., my ... and my ... That's all about me.	Over to you./It's your turn. Have you got any questions?
Bekannte Lexik zur Kommunikation und Interaktion (Interesse zeigen, nachfragen, Rückfragen stellen, Zeit gewinnen, siehe auch Worksheet A/B):	Who starts? OK, then I'll start. How do you say ... in English? What's the English word for ...? I see. Wow! Oh, really? That's cool/super/interesting. Me, too. How about you?	And you? I also like ... Sorry, I didn't catch that. Can you say that again, please? It's your turn (to take a card). This card is too difficult. OK, I've got that. Let me think ... Wait a sec ... Thank you very much/You're welcome.
Freizeitaktivitäten	go skateboarding go horse-riding play basketball go to the cinema play football eat an ice cream go shopping play computer games	listen to music go swimming go to the burger snack bar go to the playground play badminton take the dog for a walk ride our bikes chill out with friends
Aushandeln	Would you like to ... after school? We could eat an ice cream later! How about ... this afternoon? Why don't we ... this afternoon! I've got an idea. We could ... after school! Let's ... at three o'clock! ...? Cool, why not!	That's a good idea, but I think ... is more fun. What a good idea! Yes, I'd like that! That sounds great! It's nice that you ask, but I don't really like ... Hmm, I'm not sure. But perhaps we could ... !

Evaluation Sheet – Oral exam I: Getting to know each other (year 5)

Part 1 – Talk about yourself

Zweitprüfer

Name Schüler 1: ____________________

										Punkte	
Aussprache und Intonation	8	7	6	5	4	3	2	1	0		
Wortschatz und Strukturen (Korrektheit und Spektrum)	8	7	6	5	4	3	2	1	0		**2-fach**
Kommunikative Wirksamkeit und Nutzung von Strategien, Interaktion	8	7	6	5	4	3	2	1	0		**2-fach**
Aufgabenerfüllung und Inhalt	8	7	6	5	4	3	2	1	0		
									Total		

Name Schüler 2: ____________________

										Punkte	
Aussprache und Intonation	8	7	6	5	4	3	2	1	0		
Wortschatz und Strukturen (Korrektheit und Spektrum)	8	7	6	5	4	3	2	1	0		**2-fach**
Kommunikative Wirksamkeit und Nutzung von Strategien, Interaktion	8	7	6	5	4	3	2	1	0		**2-fach**
Aufgabenerfüllung und Inhalt	8	7	6	5	4	3	2	1	0		
									Total		

✂ -

Erstprüfer

Name Schüler 1:	**Name Schüler 2:**
allg. Eindruck:	**allg. Eindruck:**

Schüler 1		**Schüler 2**	
Note Erstprüfer		Note Erstprüfer	
Note Zweitprüfer		Note Zweitprüfer	
Gesamtnote Teil 1		**Gesamtnote Teil 1**	

Part 2 – Find out more about your partner

Zweitprüfer

Name Schüler 1: ______________________

										Punkte	
Aussprache und Intonation	8	7	6	5	4	3	2	1	0		
Wortschatz und Strukturen (Korrektheit und Spektrum)	8	7	6	5	4	3	2	1	0		**2-fach**
Kommunikative Wirksamkeit und Nutzung von Strategien, Interaktion	8	7	6	5	4	3	2	1	0		**2-fach**
Aufgabenerfüllung und Inhalt	8	7	6	5	4	3	2	1	0		
								Total			

Name Schüler 2: ______________________

										Punkte	
Aussprache und Intonation	8	7	6	5	4	3	2	1	0		
Wortschatz und Strukturen (Korrektheit und Spektrum)	8	7	6	5	4	3	2	1	0		**2-fach**
Kommunikative Wirksamkeit und Nutzung von Strategien, Interaktion	8	7	6	5	4	3	2	1	0		**2-fach**
Aufgabenerfüllung und Inhalt	8	7	6	5	4	3	2	1	0		
								Total			

✂ -

Erstprüfer

Name Schüler 1:	**Name Schüler 2:**
allg. Eindruck:	**allg. Eindruck:**

Schüler 1		**Schüler 2**	
Note Erstprüfer		Note Erstprüfer	
Note Zweitprüfer		Note Zweitprüfer	
Gesamtnote Teil 2		**Gesamtnote Teil 2**	

Part 3 – Agree on an afternoon activity with your partner

Zweitprüfer

Name Schüler 1: ______________________________

										Punkte	
Aussprache und Intonation	8	7	6	5	4	3	2	1	0		
Wortschatz und Strukturen (Korrektheit und Spektrum)	8	7	6	5	4	3	2	1	0		**2-fach**
Kommunikative Wirksamkeit und Nutzung von Strategien, Interaktion	8	7	6	5	4	3	2	1	0		**2-fach**
Aufgabenerfüllung und Inhalt	8	7	6	5	4	3	2	1	0		
								Total			

Name Schüler 2: ______________________________

										Punkte	
Aussprache und Intonation	8	7	6	5	4	3	2	1	0		
Wortschatz und Strukturen (Korrektheit und Spektrum)	8	7	6	5	4	3	2	1	0		**2-fach**
Kommunikative Wirksamkeit und Nutzung von Strategien, Interaktion	8	7	6	5	4	3	2	1	0		**2-fach**
Aufgabenerfüllung und Inhalt	8	7	6	5	4	3	2	1	0		
								Total			

Erstprüfer

Name Schüler 1:	**Name Schüler 2:**
allg. Eindruck:	**allg. Eindruck:**

Schüler 1		**Schüler 2**	
Note Erstprüfer		Note Erstprüfer	
Note Zweitprüfer		Note Zweitprüfer	
Gesamtnote Teil 3		**Gesamtnote Teil 3**	
Gesamtnote Teil 1–3		Gesamtnote Teil 1–3	

Rückmeldebogen für Schüler und Eltern

zur mündlichen Prüfung „Getting to know each other“ in Klasse 5 ______

vom __________ 20 ______

Name der Schülerin/des Schülers ______________________________

Part 1 – Talk about yourself

Ich kann ...	++	+	o	–	– –
meine Gedanken strukturiert vortragen.					
ohne störende Pausen lebendig vortragen.					
Gesprächsstrategien anwenden (aushandeln, Zeit gewinnen, um Hilfe bitten, nachfragen ...).					
eine Minute lang reden.					
nahezu akzentfrei Englisch sprechen.					
den bekannten Wortschatz richtig anwenden.					
die bekannte Grammatik richtig anwenden.					

Part 2 – Find out more about your partner

Ich kann ...	++	+	o	–	– –
Fragen ausformulieren und Antworten geben.					
Gesprächsstrategien anwenden (aushandeln, Zeit gewinnen, um Hilfe bitten, nachfragen ...).					
das Gespräch in Gang halten.					
aktiv zuhören, Interesse zeigen.					
nahezu akzentfrei Englisch sprechen.					
den bekannten Wortschatz richtig anwenden.					
die bekannte Grammatik richtig anwenden.					

Part 3 – Agree on an afternoon activity with your partner

Ich kann ...	++	+	o	–	– –
eine Freizeitaktivität meiner Wahl vorschlagen und dafür werben.					
höflich auf den Vorschlag meines Partners eingehen/einen Gegenvorschlag machen.					
mich um einen Kompromiss bemühen.					
den bekannten Wortschatz richtig anwenden.					
die bekannte Grammatik richtig anwenden.					
nahezu akzentfrei Englisch sprechen.					

Your mark: ______________________ Parents’ signature: ______________________

Oral exam II: Shopping (year 5)

Vorbereitung der mündlichen Prüfung

WS 1: New words
WS 2: 1-minute presentation – Pocket money
WS 3: Pocket money
WS 4: Tom's pocket money presentation – My pocket money presentation
WS 5: Checklist

WS 6: What shall we buy?
WS 7: A birthday present for …

WS 8: At the jumble sale
WS 9: Jumble sale dialogue
WS 10: Shopping talk
WS 10 a: Shopping talk – Lösungsblatt
WS 11: Things at the jumble sale (Partner A)
WS 11a: Things at the jumble sale (Partner A, mit Vokabelhilfen)
WS 12: Price list –Jumble sale (Partner B)
WS 12 a: Price list –Jumble sale (Partner B, mit Vokabelhilfen)

Durchführung der mündlichen Prüfung

Part 1 – Monologue
My pocket money
(1-minute presentation)

Part 2 – Dialogue
A birthday present
(picture cards)

Part 3 – Dialogue
The jumble sale *(picture cards)*
(WS 11/12 bzw. WS 11a/12a)
Schüler A – customer
Schüler B – seller
(mit Rollentausch)

Durchführung der Reihe/Vorbereitung :	je nach Lerngruppe ca. 14 Stunden à 45 Minuten
Prüfungsform:	Schülerpaare. Die Paare sollen bereits zu Beginn der Vorbereitung feststehen, sodass die Lernenden während der gesamten Übungsphase mit ihrem Prüfungspartner zusammenarbeiten und sich auf ihn einstellen können.
Dauer der Prüfung:	ca. 12 Minuten pro Paar plus ca. 12 Minuten Nachbesprechung und Bewertung direkt im Anschluss.
Allgemeine Hinweise:	Den Schülerinnen und Schülern sollte das gesamte Prüfungsmaterial bereits aus der Vorbereitungsphase bekannt sein. Die unbekannte Prüfungssituation ist sehr aufregend, und es ergeben sich vor allem in den Teilen 2 und 3 genügend spontane und unvorhergesehene Frage-Antwort-Konstellationen. Die Prüflinge dürfen keine schriftlichen Notizen mit in die Prüfung bringen.

Vorbereitung der mündlichen Prüfung

Erläuterungen zur Unterrichtsreihe und zu den Worksheets

Part 1 – Monologue: My pocket money (1-minute presentation)

Die Vorbereitung des ersten Prüfungsteils sollte mit diesem monologischen Teil beginnen, weil die Schülerinnen und Schüler ihn gut zu Hause vorbereiten, überarbeiten und auswendig lernen können. Für die Prüfung selber empfinden die Lernenden es als beruhigend, wenn sie mit einem gut vorbereiteten Teil beginnen können. Lerner sind in der Regel sehr motiviert, über ihr Taschengeld, ihre Ausgaben, Kaufprojekte und Sparpläne zu reden.

Worksheet 1: New words

Dieses Worksheet führt einige neue Vokabeln dieser Prüfung als Definition und in Beispielsätzen ein. Die Lernenden sollen jeweils aus der Erklärung und den Beispielen die Bedeutung der neuen Wörter erschließen.

Worksheet 2: 1-minute presentation – Pocket money

Dieses Worksheet soll die Schülerinnen und Schüler mit den grundlegenden Regeln einer Präsentation vertraut machen, es bietet allgemeine Tipps und enthält gleichzeitig viel *language support* für jeden Teil ihres Vortrags. Da viele Schülerinnen und Schüler Schwierigkeiten mit dem Vortragen vor der gesamten Lerngruppe haben, sollte die Lehrkraft besonders auf die Tipps in der Box *This makes a presentation better* hinweisen, ebenso wie auf die Struktur einer Präsentation. Die Redemittel sollten im Plenum zunächst geklärt werden, damit die Lerner sie für sich nutzen und ausbauen können.

Worksheet 3: Pocket money

Die Schülerinnen und Schüler sollen anhand der Tabelle an das Thema Taschengeld herangeführt werden. Damit ihnen das Ausfüllen der Felder leichter fällt, wurden die Felder in der ersten Spalte durch die fiktive Person Tom bereits ausgefüllt. Die *help card* auf der zweiten Seite dieses Arbeitsblattes bietet weiteren *language support* zum Thema – unter anderem enthält sie auch die Option, die Höhe des eigenen Taschengeldes nicht zu nennen, wenn Schülerinnen und Schüler dies nicht möchten. Die Tabelle soll in *key words* ausgefüllt werden. Je nachdem, wie viel Zeit die Lehrkraft hier aufwenden möchte, bietet sich an, die Schüler am *bus stop*[1] Interviews mit einem oder mehreren Partnern durchführen zu lassen – auch dafür enthält die *help card* Redemittel.

Worksheet 4: Tom's pocket money presentation – My pocket money presentation

Hier sollen die Lerner die zuvor notierten Informationen zu einer Präsentation ausformulieren. Die bereits eingeführte, fiktive Person Tom macht es vor. Dieser Text sollte zunächst gelesen werden, damit die Lerner Ideen und Formulierungshilfen bekommen. Sie sollen an diesem Beispiel erkennen, dass es unter anderem auch darauf ankommt, seine Ideen zu bündeln, d.h. jedes Teilthema der Präsentation erschöpfend vorzutragen, bevor das nächste begonnen wird. Anschließend soll auf den weißen Linien die eigene Präsentation geschrieben werden – die grauen Linien sind für spätere Korrekturen und Ergänzungen gedacht. Ggf. benötigen die Schülerinnen und Schüler eine weitere Kopie dieses Worksheets. Der eigene Vortrag kann als Hausaufgabe

[1] bus stop – Methode des Lerntempoduetts, siehe hierzu S. 86 und vgl. Grieser-Kindel, C., Henseler, R., Möller, S. (2006). Method Guide. Schüleraktivierende Methoden für den Englischunterricht in den Klassen 5-10. Paderborn: Schöningh.

vorbereitet und später in Partnerarbeit unter verschiedenen Aspekten korrigiert und ergänzt werden. Vor der Präsentation im Plenum erfolgt noch ein weiterer Zwischenschritt: Die Lernenden werden in Dreiergruppen eingeteilt und tragen sich ihre Präsentationen vor. Die Aufgabe der Zuhörer ist es, die Zeit zu stoppen und mit dem Worksheet E *Feedback for presentations* (S. 156) Feedback zu geben. Die Erfahrung zeigt, dass viele Lernende weniger als eine Minute reden.

Worksheet 5: Checklist

Diese Checkliste dient zusätzlich zu den unten aufgeführten Feedbackbögen als schriftliche Rückmeldung an die Vortragenden. Die Zuhörer sollen bei jeder Präsentation auf bestimmte inhaltliche Punkte achten. Wichtig: Es soll lediglich angekreuzt werden, ob die in der linken Spalte genannten Punkte im Vortrag enthalten sind – die Lerner sollen keine Antworten ausformulieren. Die Checkliste kann dann an den Vortragenden weitergegeben werden und für die Verbesserung und Ergänzung fehlender Punkte genutzt werden.

Worksheet D: How to give feedback (S. 155)
Bevor die Lerner sich tatsächlich eine Rückmeldung zu den Präsentationen geben, sollten sie trainieren, wie eine solche Rückmeldung in der Zielsprache formuliert werden kann.

Worksheet E: Feedback for presentations (S. 156)

Die eigentliche Rückmeldung zu den Präsentationen sollte nun in Dreiergruppen anhand dieser *Feedback sheets* und später auch im Plenum stattfinden. Im Laufe der Prüfungsvorbereitung sollte die Lehrkraft immer wieder 2–3 Lernern die Gelegenheit geben zu präsentieren, damit die Qualität stetig verbessert werden kann.

Part 2 – Dialogue: A birthday present (picture cards)

In diesem Prüfungsteil sollen die Lernenden sich über den Kauf eines Geburtstagsgeschenkes für einen Freund/eine Freundin ihrer Wahl verständigen. Dabei müssen sie diverse Bedingungen beachten: den Preis, die Vorlieben des Beschenkten etc. Sie sollen lernen, Vorschläge zu machen, diese abzulehnen, Gegenvorschläge zu machen, und sich am Ende zu einigen. Auch dieser Prüfungsteil kann zunächst einem anderen Paar, dann im Plenum vorgestellt werden, damit gemeinsam überlegt werden kann, wo ein Gesprächsthema „aus- oder angebaut" werden kann. Hier brauchen die Lernenden in der Regel viel Unterstützung und müssen von Anfang an wissen, dass während der Prüfung ein Gespräch von ihnen erwartet wird.

Nicht zuletzt gehört zu einem Gespräch auch, dass die Lernenden einander zugewandt sitzen und sich anschauen, damit sie Gestik und Mimik einsetzen können. Die Schülerinnen und Schüler tun dies jedoch oft nicht von allein, deshalb sollte die Lehrkraft sie ausdrücklich darauf hinweisen.

Worksheet 6: What shall we buy?

Dieses Worksheet soll die Lernenden mit den Möglichkeiten vertraut machen, den Kauf eines Geschenkes vorzuschlagen und darauf zustimmend oder ablehnend zu reagieren. Dies geschieht in Form einer Tabelle, die diese drei Kategorien vorgibt. Darunter finden sich Sätze, die entsprechend einsortiert werden müssen. Als Tipp für die Schülerinnen und Schüler steht unter jeder Spalte, wie viele Sätze je Spalte gefunden werden müssen. Auf Worksheet 7 findet sich ein Beispieldialog, der die Kombination verschiedener Redemittel vorstellt. Anschließend sollen die Lerner einen eigenen Dialog aufschreiben.

Worksheet 7: A birthday present for ...

Hier sollen sich beide Partner vorstellen, durch ein Kaufhaus zu gehen und unterschiedliche Angebote zu diskutieren. Dabei sollen sie die Redemittel aus Worksheet 6 (S. 55) nutzen und neu kombinieren. Dieses Arbeitsblatt dient auch gleichzeitig als Vorlage für den zweiten Prüfungsteil. Hierzu sollten die Bildkärtchen der Tabelle laminiert und zerschnitten werden.

Talk to me!

Worksheet F: Feedback for dialogues (S. 157)
An dieser Stelle sollte das *Feedback for dialogue*s (siehe Erklärung dazu S. 151) eingesetzt werden, um die Qualität der Dialoge anhand bestimmter, schülergerecht formulierter Kriterien zurückzumelden.

Part 3 – Dialogue: The jumble sale (picture cards)

Um eine möglichst authentische Käufer-Verkäufer-Situation herzustellen, sollen die Lerner sich vorstellen, auf einem *jumble sale* – der britischen Entsprechung eines Flohmarktes – unterwegs zu sein, auf dem durchaus auch Kinder als Verkäufer auftreten. Dabei sollten Aspekte wie die Gesprächseröffnung, das Thema Kleidung, vor allem aber das Aushandeln eines Preises trainiert werden. Für all diese Gesprächsanlässe, ebenso wie für die Entscheidung zu kaufen oder auch nicht, finden sich in diesem Teil vorbereitende Worksheets.

Worksheet 8: At the jumble sale

Zur Einstimmung auf das Thema *jumble sale* sehen die Lernenden ein Bild, das diese Situation darstellt. Sie lernen das Phänomen *jumble sale* kennen, beschreiben die zum Kauf angebotenen Waren, die von den folgenden Worksheets aufgegriffen werden, und erkennen, dass es sich um gebrauchte Waren handelt, die sie auch hier auf jedem Flohmarkt finden bzw. selber in der Rolle eines Verkäufers anbieten könnten.

Worksheet 9: Jumble sale dialogue

Hier lernen die Schülerinnen und Schüler die Redemittel kennen, die sie als Käufer bzw. Verkäufer auf einem *jumble sale* in den verschiedenen Gesprächsphasen benötigen. Die Sätze sind zunächst ungeordnet, allerdings gehören die Sätze der linken und rechten Spalte jeweils zusammen und bilden eine Sinneinheit. Die Aufgabe ist zunächst, die Entsprechungen für die deutschen Sätze auf der zweiten Seite des Worksheets herauszusuchen und aufzuschreiben.

Worksheet 10: Shopping talk/Worksheet 10 a: Lösungsblatt

Nun sollen die Lernenden Ordnung in die Sätze auf Worksheet 9 bringen und die Redemittel gemäß den genannten Vorgaben sortieren. Die Anzahl der Sätze je Sprechblase soll die Zuordnung erleichtern – zusätzlich kann mit dem Lösungsblatt (Worksheet 10 a) gearbeitet werden. Sobald die Zuordnung klar ist, sollen die Lernenden in Partnerarbeit – unterstützt durch die Zahlen, die sich an den jeweiligen Gesprächsabschnitten wiederfinden, – einen Einkaufsdialog aufschreiben. Dieser sollte in Kleingruppen und/oder im Plenum vorgetragen und korrigiert bzw. ergänzt werden. Dabei erkennen die Lerner, dass es zahlreiche Kombinationsmöglichkeiten gibt.

Worksheet 11/11a: Things at the jumble sale (Partner A, mit und ohne Vokabelhilfen)

Dieses Worksheet stellt alle Dinge vor, die auf dem *jumble sale* angeboten werden, und es ist zweimal vorhanden. Die Version 11a bietet schwächeren Lernern zusätzliche Vokabelhilfen, die sich jeweils unter den Bildern finden. Partner A ist der Kunde/Käufer, der all diese Angebote vorfindet und sich, wie in Worksheet 10 geübt, nach bestimmten Dingen erkundigen soll: Er möchte etwas an- oder ausprobieren, fragt nach anderen Farben oder Größen, der Echtheit, versucht, den Preis in seinem Sinne auszuhandeln, und trifft am Ende eine Kaufentscheidung. Bei der Einübung des *jumble sale dialogues* sollten die Schüler mehrfach die Rollen wechseln.

Worksheet 12/12a: Price list – Jumble sale (Partner B, mit und ohne Vokabelhilfen)

Hier findet Partner B in der Rolle des Verkäufers die Preisangaben für die angebotenen Waren. Auf Worksheet 12a sind zusätzlich zu den Bildern wieder die Vokabeln enthalten. Beide Versionen bieten dem Verkäufer bei einigen der angebotenen Dinge Redemittel, mit denen er seine Waren anpreisen kann. Partner B nutzt die Redemittel von Worksheet 10, die er in seiner Rolle für alle Phasen des Verkaufsgesprächs braucht.

New words

Read the new words and the explanations[1] carefully and try to find the German words! Then compare your German words with a partner.

	New word	Explanation	German
1	increase	When you get a pocket money increase, you get more money. *"I get an increase every year at Christmas."*	
2	to save	When you save your pocket money, you keep it and don't buy things. *"I'm saving for a computer. "*	
3	little jobs	When you do little jobs, you work, e.g. as a babysitter, to get more money.	
4	expensive	When something is expensive, it costs a lot of money. *"This T-shirt is too expensive for me."*	
5	enough	When you have enough of something, you don't need more. *"25 € per month is enough for me."*	
6	to spend money on	When you spend your money on something, you buy it. *"I usually spend my money on comics."*	
7	a deal	A deal is when you give somebody money and get something for it. A good deal is, when it's not too expensive. *"55 € for these shoes is a good deal."*	
8	to earn	You earn money, if you work for it. *"I wash our neighbour's car, and I earn 6 € per hour".*	
9	size	The size (e.g. of a pair of shoes) tells you how big they are. *"Size 38 is too small for me. Have you also got 39?"*	
10	fake	If something is fake, it is not real. Real gold is more expensive than fake gold. *"Look, this ring only costs 2 €. It must be fake silver!"*	

[1] explanation – Erklärung

1-minute presentation – Pocket money

This makes a presentation better:

- Look at your group and keep eye contact.
- Stand on both feet and relax.
- Say what your presentation is about before you start.
- Speak freely (without reading) and use key words.
- Thank your listeners at the end.

You can use these phrases:

Beginning: (say what your presentation is about)	I am going to talk about my pocket money. I would like to tell you a few things about ...
Main part:	• I get ____ € every month/week/... • My parents/grandparents/.../give me ____ € ... • I don't get pocket money regularly. • I often/sometimes/always/don't get extra money for good marks/at Christmas/... • I sometimes/often/always do little jobs to earn extra money, for example ... (I babysit, I mow the lawn[1], I wash the car, I take the neighbour's dog for a walk ...) • I usually/often spend my money on ... • Sometimes I buy ... • ... is too expensive for me. • I don't/never buy ... • I save (my money) for ... and I've already got ... € • My last increase was in May/at Christmas/last September ... • ...
End:	That's all about me and my pocket money. Thank you for listening. Over to you./Now it's your turn. (Have you got any questions?)

[1] to mow the lawn – den Rasen mähen

Pocket money

This worksheet is about money! Think about your pocket money and answer the questions in this grid. If you need help, look at Tom's answers or the sentences on the help card. Write down your answers in key words.

No.	Questions	Tom's answers 	Your answers
1	How much do you get?	*20 €/month*	
2	When do you get it?	*beginning of the month*	
3	Who gives it to you?	*5 € – grandparents/15 € – parents*	
4	When was your last increase?	*last Christmas*	
5	What do you spend your pocket money on?	*burgers, cool caps, Batman comics*	
6	Do you save your pocket money? What for?	*yes, for a BMX bike*	
7	Do you do little jobs to earn extra money?	*mow the neighbour's lawn, wash uncle Fred's car*	
8	Do you get enough pocket money?	*sometimes not enough*	
9	Do you sometimes get extra money? What for?	*from grandparents for good school reports, but not from parents*	

Now ask some people in your class about their pocket money. Use the questions from the grid (p. 50) and write down your partners' answers in your exercise book. Take turns. Use the sentences on the help card to answer your partners' questions.

	Help card
1	I get … € per month/week; … € a month/a week. I don't want to tell you how much money I get. That's private.
2	I get my pocket money regularly/every Sunday/once a week/at the beginning of the month/I don't get pocket money regularly.
3	My mum, dad, grandparents, godmother/godfather, aunt, uncle … gives/give me my pocket money.
4	My last increase was last summer/October/a long time ago …
5	I usually/normally/often buy … I sometimes spend my pocket money on … (sweets, clothes, fast food, toys, comics, DVDs …) I never buy … I must buy my clothes/shoes/school things/everything I need with my pocket money.
6	I save my money for …/I try to save … I always spend all my money. I don't save it.
7	I babysit/take dogs for a walk/mow the lawn/do the gardening/go shopping for …
8	Yes, I think I get enough./I would like to get … € more.
9	I get extra money for good class tests/for school reports/at Christmas/on my birthday/…

Tom's pocket money presentation – My pocket money presentation

Now take the phrases from worksheet 2 (1-minute presentation – Pocket money) and the information from worksheet 3 and write a presentation about your pocket money. To give you an idea, read Tom's presentation about his pocket money first:

Tom's presentation

Hi, I'm Tom, and I would like to tell you a few things about my pocket money.

I get 20 € every month – my parents give me 15 € and from my grandparents I get 5 €. Both my parents and grandparents give me my pocket money at the beginning of the month. Small children often get their pocket money every week, but I know that I shouldn't spend my money all at once, otherwise I have nothing left at the end of the month. My last increase was at Christmas – I now get 5 € more.

I often buy burgers from the fast food restaurant on the corner – I love burgers with cheese! I also like cool caps, so I sometimes buy a new cap, but they are very expensive. I've already got six different colours! And Batman is my favourite comic star, so I spend my money on all the new comics.

I am saving for a BMX bike, and I've already got 75 €, but that's not enough. A BMX bike costs 250 €, so I must save a lot more.

Usually I do little jobs; for example, I mow our neighbour's lawn every two weeks, or I wash Uncle Fred's car. Sometimes I can earn an extra 12 € per month.

Normally, I find that I get enough pocket money, but sometimes I have no more money after three weeks and then I must wait until I get some more. That's not easy!

My grandparents sometimes give me extra money for good school reports, but my parents don't like that.

That's all about my pocket money.

Thank you for listening.

Have you got any questions?

Now you!

Use only the white lines for writing. You might need a second sheet. When you have finished, read your text out loud (not too slowly, not too fast!) and time yourself[1]. You must talk for 60 seconds!

My presentation

In class:

Read your presentation to the other two people in your group. Is it long enough or is it too short? You can use the grey lines to correct words or sentences or to write more about your pocket money.

[1]time yourself – stoppe deine Zeit

Checklist

Listen to one or two presentations in your groups of three. While you are listening, tick ✓ the boxes on your checklist when you hear the information. Time your partners' presentations and write the time into the last line. Then give the checklist to the presenter, so that he/she can make the presentation better.

Checklist for ______________________		
Is there a beginning? ☐		
1 How much? ☐	**2** When? ☐	**3** Who gives it to him/her? ☐
4 Last increase? ☐	**5** What does he/she buy? ☐	**6** Save money? What for? ☐
7 Little jobs? What? ☐	**8** Enough? ☐	**9** Extra money? What for? ☐
Is there an ending? ☐		
total time	________ **min.** ________ **sec.**	

✂ -

Checklist for ______________________		
Is there a beginning? ☐		
1 How much? ☐	**2** When? ☐	**3** Who gives it to him/her? ☐
4 Last increase? ☐	**5** What does he/she buy? ☐	**6** Save money? What for? ☐
7 Little jobs? What? ☐	**8** Enough? ☐	**9** Extra money? What for? ☐
Is there an ending? ☐		
total time	________ **min.** ________ **sec.**	

What shall we buy?

On this worksheet you find sentences you need if you discuss with a partner what you want to buy – in this case you want to buy a birthday present for a friend. All the sentences are mixed up. Copy the grid below into your exercise book and write the sentences into the correct box:

You can use these sentences ...		
1. ... to talk about an idea for a present	**2. ... to say you like an idea**	**3. ... to say you don't like an idea**
(Tip: you must find 6 sentences here)	(Tip: you must find 6 sentences here)	(Tip: you must find 5 sentences here)

How about buying some green socks/a Star Wars DVD/...?

I think £ ... is too expensive!

Have you seen the price?

Yes, that looks nice!

Look, here is the new "Justin Bieber" CD/...!

A Harry Potter book/...? Cool, why not!

What do you think about this blue T-shirt/this key ring[1]/...?

Why don't we cook a meal for xy?

Why not – and the price is also OK.

Yes, make-up is a really great idea.

I've got an idea. We could invite xy to the cinema!

Xy hates football /green/... !

Oh, my God, no!

Yes, xy likes films/...!

What a good idea!

Hmm, I'm not sure. That's a bit boring.

Let's get xy a box of chocolates/...!

[1]key ring – Schlüsselanhänger

A birthday present for …

You are at the department store with your partner because you want to buy a birthday present for a friend. You have both got good ideas, so you discuss what to buy while you go through the store. You don't want to spend too much money. This is what you find:

£ 4,25

£ 16,50

£ 9,65

£ 11,95

£ 8,50

£ 5,95

£ 5,45

£ 15,15

£ 12,85

£ 13,00

£ 15,90

£ 7,80

And you also have some other ideas:

£ 6,75

Voucher for a home-cooked meal and dessert (you can choose)

Now work with a partner and put together a dialogue. Partner A has got two ideas, partner B doesn't like them and makes two other suggestions[1], and in the end you find something you both like as a present. The example below and the sentences on worksheet 6 can help you!

Example:

Partner A (macht einen Vorschlag)	Look, here's the new "Justin Bieber" CD!
Partner B (lehnt den Vorschlag ab)	Have you seen the price?
Partner A (macht einen weiteren Vorschlag)	OK, so what do you think about this blue T-shirt?
Partner B (lehnt wieder ab ... und macht einen Gegenvorschlag)	Simon hates blue! But how about buying a football?
Partner A (lehnt den Gegenvorschlag ab)	I think £ ... for a football is too expensive!
Partner B (macht einen neuen Vorschlag)	So let's get him a box of chocolates!
Partner A (lehnt auch diesen Vorschlag ab ... und macht einen Gegenvorschlag)	Hmm ... I'm not sure. Chocolate is a bit boring ... Hey, I've got an idea. We could invite Simon to the cinema!
Partner B (stimmt zu)	Yes, what a good idea. Simon likes films.

As you can see, you can combine lots of sentences!

Now you:

Partner A (macht einen Vorschlag)	What do you think about ...
Partner B (lehnt den Vorschlag ab)	
Partner A (macht einen weiteren Vorschlag)	
Partner B (lehnt wieder ab ... und macht einen Gegenvorschlag)	
Partner A (lehnt den Gegenvorschlag ab)	
Partner B (macht einen neuen Vorschlag)	
Partner A (lehnt auch diesen Vorschlag ab ... und macht einen Gegenvorschlag)	
Partner B (stimmt zu)	

[1]suggestion – Vorschlag

At the jumble sale

Jumble sale dialogue

Look at these sentences. You need them as a customer or seller at a jumble sale, but they are not in the right order.

Customer (Käufer)	**Seller** (Verkäufer)
I have to think about it.	No problem, take your time.
£ ... is my last offer.	No way! £ ... is my best offer.
Is this real silver/gold/leather?	Yes, of course, it's real silver/gold/leather. No, I think it's fake.
Can I try out the bike/skates/...?	Yes, sure!
OK, I'll take it/them.	Great! Enjoy your new bike/guitar/... then!
That's too expensive/too much for me. I would buy it for £ ...	OK, let's say £ ...
I don't think this is my colour.	But it looks nice on you. The colour suits you.
I would take the T-shirt/... and the shoes/... for £ ...	I can offer you ... and ... for £ ...
How old is/are ... ?	It's/They are only ... years/months old.
Have you got this in a different colour/size?	No, I've only got this colour/size. Yes, I've also got it in green/.../in "M".
How much is the basketball?/How much are the shoes?	It's/They are £ ...
No, I don't think I'll take it/them.	No problem!
Have you got books/a bike/a bracelet[1]/... ?	Yes, I've got books/... over here, have a look ...
I am looking for a birdcage[2]/a helmet/...	No, sorry, I haven't got birdcages/helmets/...
Can I try on the shoes/the T-shirt, please?	Yes, of course, no problem!
That's very expensive!	It's a good deal! It's real leather/silver/...!

[1] bracelet – Armband
[2] birdcage – Vogelkäfig

First of all, find the English sentences that mean:

1. Nein, ich habe nur diese Größe/Farbe.

2. Das ist ein gutes Geschäft! Das ist echtes Leder/Silber/...!

3. Kann ich das Fahrrad/die Rollschuhe/... ausprobieren?

4. Die Farbe steht Ihnen/dir.

5. Kein Problem, lassen Sie sich/lass dir Zeit.

6. Ich würde das T-Shirt/... und die Schuhe/... für £ ... nehmen.

7. Auf keinen Fall! £ ... ist mein bestes Angebot.

8. Aber das steht Ihnen/dir gut!

9. Nein, ich glaube, das ist/sie sind nicht echt.

10. Es/sie kostet/kosten £ ...

Now compare your results with a partner.

Shopping talk

Look at all the sentences on worksheet 9. Try to sort them into the correct speech bubble for the customer and the seller.

① How would the customer start the dialogue/ask for something? How would the seller answer?

customer

1. Have you got books/a bike/a bracelet/...?
2. I am looking for a birdcage/a helmet/...

seller

1. Yes, I've got books/... over here, have a look ...
2. No, sorry, I haven't got birdcages/helmets/...

② How would the customer talk about clothes? How would the seller answer?

1. Can I try on the shoes/the T-shirt, please?
2. ______________________________
3. ______________________________

1. Yes, of course, no problem!
2. ______________________________
____
3. ______________________________
____

③ How would the customer ask/talk about general things? How would the seller answer?

1. Can I try out the bike/skates/…?
2. ______________________________
3. ______________________________

1. Yes, sure!
2. ______________________________
____
3. ______________________________

④ How would the customer ask for a price? How would the customer and the seller barter[1]?

1. How much is the basketball?/How much are the shoes?
2. ______________________________
____
3. ______________________________
4. ______________________________
5. ______________________________

1. It's/They are £ …
2. ______________________________
3. ______________________________
4. ______________________________
5. ______________________________

[1] to barter – feilschen, handeln

⑤ How would the customer make a decision? What would the seller answer?

1. OK, I'll take it/them.
2. ______
3. ______

1. Great! Enjoy your new bike/guitar/... then!
2. ______
3. ______

Now you! Write your own shopping dialogue. Start with no. ① or ② and continue with no. ③. Make sure your questions and answers match.

①	Customer	
	Seller	
or		
②	Customer	
	Seller	
③	Customer	
	Seller	
④	Customer	
	Seller	
⑤	Customer	
	Seller	

Shopping talk – Lösungsblatt

① How would the customer start the dialogue/ask for something? How would the seller answer?

1. Have you got books/a bike/a bracelet/... ?
2. I am looking for a birdcage/a helmet/...

1. Yes, I've got books /... over here, have a look ...
2. No, sorry, I haven't got birdcages/helmets/...

② How would the customer talk about clothes? How would the seller answer?

1. Can I try on the shoes/the T-shirt, please?
2. I don't think this is my colour.
3. Have you got this in a different colour/size?

1. Yes, of course, no problem!
2. But it looks nice on you.
   The colour suits you.
3. No, I've only got this colour/size.
   Yes, I've also got it in green/.../in "M".

③ How would the customer ask/talk about general things? How would the seller answer?

1. Can I try out the bike/skates/...?
2. Is this real silver/gold/leather?
3. How old is/are ... ?

1. Yes, sure!
2. Yes, of course, it's real silver/gold/leather.
   No, I think it's fake.
3. It's/They are only ... years/months old.

④ How would the customer ask for a price? How would the customer and the seller barter?

1. How much is the basketball?/How much are the shoes?
2. That's too expensive/too much for me.
   I would buy it for £ ...
3. I would take the guitar and the helmet for £ ...
4. £ ... is my last offer.
5. That's very expensive!

1. It's/They are £ ...
2. OK, let's say £ ...
3. I can offer you ... and ... for £ ...
4. No way! £ ... is my best offer.
5. It's a good deal! It's real leather/silver/...!

⑤ How would the customer make a decision? What would the seller answer?

1. OK, I'll take it/them.
2. I have to think about it.
3. No, I don't think I'll take it/them.

1. Great! Enjoy your new bike/guitar/.... then!
2. No problem, take your time.
3. No problem!

Things at the jumble sale

Partner A

You are at a jumble sale, where people sell things they don't need any longer. As you can see, there are lots of interesting things to buy. You would like to have one or two things, so ask for the prices and try to barter!

JUSTIN BIEBER
MY WORLDS ACOUSTIC

Things at the jumble sale

Partner A

You are at a jumble sale, where people sell things they don't need any longer. As you can see, there are lots of interesting things to buy. You would like to have one or two things, so ask for the prices and try to barter!

ballerina shoes

saddle

jumper, sweatshirt

bike

vase

football

helmet

T-shirt

guitar

trainers

mobile

books

jeans

rucksack

laptop

bracelet

CD

skates

earrings

birdcage

basketball

Price list – Jumble sale

Partner B

You are the seller of these things and this is your price list. You want to sell as many things as possible, so be ready to reduce[1] some of your prices when you barter!

	Price	Remark		Price	Remark
	£ 10			£ 13	
	£ 5			£ 6	real leather!
	£ 12	as good as new!		£ 10	
	£ 3,50			£ 24	real leather!
	£ 8,50	good deal!		£ 9	
	£ 150	only three months old!		£ 45	in perfect condition!
	£ 7,50	real silver!		£ 6,50	
	£ 3			£ 4	
	£ 17			£ 17	
	£ 15	real stones!		£ 4,50	real leather! signed by Messi!
	£ 3,90				

[1] to reduce – reduzieren, herabsetzen

Price list – Jumble sale

Partner B

You are the seller of these things and this is your price list. You want to sell as many things as possible, so be ready to reduce[1] some of your prices when you barter!

	Price	Remark		Price	Remark
 trainers	£ 10		 birdcage	£ 13	
 books	£ 5		 basketball	£ 6	real leather!
 mobile	£ 12	as good as new!	 ballerina shoes	£ 10	
 jeans	£ 3,50		 saddle	£ 24	real leather!
 rucksack	£ 8,50	good deal!	 jumper, sweatshirt	£ 9	
 laptop	£ 150	only three months old!	 bike	£ 45	in perfect condition!
 bracelet	£ 7,50	real silver!	 helmet	£ 6,50	
 CD	£ 3		 T-shirt	£ 4	
 skates	£ 17		 guitar	£ 17	
 earrings	£ 15	real stones!	 football	£ 4,50	real leather! signed by Messi!
 vase	£ 3,90				

[1] to reduce – reduzieren, herabsetzen

Durchführung der mündlichen Prüfung

Die Prüfung: Shopping (year 5)

	Arbeitsanweisungen an die Prüflinge	Material/Unterlagen der Prüfer
Part 1 – Monologue (beide Schüler hintereinander)	Welcome to our oral exams today. It is an English exam, so we would like you to speak English only – with us and also with your partner. As you know, the exam has got three parts. In part 1, I would like you to talk about your pocket money in a 1-minute presentation. So when you're ready, you can start.	• Bewertungskriterien (S. 73) • Punkteskala (S. 12) • Evaluation Sheet, Part 1 (S. 78)
Part 2 – Dialogue	Thank you very much! In the second part, I would like you to talk about a birthday present for a friend that you both know. You are both invited to his or her birthday party, and now you are in a department store in order to buy a present. Please start a conversation: you can talk about your ideas, say if you like your partner's ideas or not, and finally agree on a present. So please start now.	• Bewertungskriterien (S. 73) • Punkteskala (S. 12) • 14 (laminierte) Karten (Worksheet 7), auf denen Geschenke und Preise notiert sind. Die Karten liegen offen auf dem Tisch. • Evaluation Sheet, Part 2 (S. 79)
Part 3 – Dialogue	OK, let's go over to our third part now. In front of you, there are lots of picture cards. Please imagine that you are at a jumble sale. Partner A is the customer, partner B is the seller. Please have a shopping conversation, choose a few things you would like to buy, barter and make a decision in the end. Then you swap roles.	• Bewertungskriterien (S. 73) • Punkteskala (S. 12) • Evaluation Sheet, Part 3 (S. 80) • (laminierte) Karten aus Worksheet 11 oder 11a für Partner A, *price list* (Worksheet 12 oder 12 a) für Partner B. Die Karten liegen offen auf dem Tisch, es wird ein *jumble sale* simuliert.

Die Prüflinge dürfen sich zu keinem der Prüfungsteile Notizen mitbringen.

Bewertungskriterien – Oral exam II: Shopping (year 5)

Punkte	Aussprache/Intonation	Wortschatz[1] und Strukturen (Korrektheit und Spektrum) (zählt doppelt)	Kommunikative Wirksamkeit, Nutzung von Strategien und Interaktion (zählt doppelt)	Aufgabenerfüllung/ Inhalt
8–7	Kann das bekannte Repertoire von Wörtern und Redewendungen trotz Akzent durchgehend deutlich und klar aussprechen (inkl. lebhafter Vortrag in Prüfungsteil 1). Unterstützt durch lebendige Betonung die kommunikativen Absichten. Beachtet die Besonderheiten der englischen Aussprache (z.B. „th“, „v“, „w“, etc.) ebenso wie des *word stress*.	Weitestgehend korrekter Einsatz bekannter, einfacher lexikalischer und grammatikalischer Strukturen (*simple present*, Fragestellung mit *to be, to do, have got*, Fragen mit den Fragewörtern *what, when, how, who*, Häufigkeitsadverbien, Satzstellung, Subjekt- und Objektpronomen, Anwendung der *simple past*-Form *was*. Verwendet das gesamte Spektrum des bisher bekannten Wortschatzes sowie der vertrauten Strukturen, inkl. Redemitteln für Vorschläge, Zustimmung, Ablehnung, Einigung.	Äußerungen sind weitestgehend flüssig, zusammenhängend, geschickte und spontane Kommunikation. **Teil 1:** Handelt aus, wer beginnt, gute Präsentation durch Weiterverfolgung der Gedankenstränge und Aufgreifen von Ideen. Nutzung von *gap fillers* bei Pausen. **Teil 2:** Partner hört aktiv zu, äußert Interesse, macht Vorschläge, lehnt diese ab oder stimmt ihnen zu, macht Gegenvorschläge und bemüht sich um eine Einigung. Weiß sich bei Pausen mit *gap fillers* zu helfen. Interagiert intensiv mit seinem Partner, handelt aus, wer beginnt, weitermacht, etc. Nutzt Gestik und Mimik. **Teil 3:** Kann in der Rolle als Kunde seine Interessen vertreten, ein Verkaufsgespräch beginnen, in Gang halten, den Preis aushandeln, auf sein Gegenüber eingehen, das Gespräch beenden. Kann in der Rolle als Verkäufer seine Interessen vertreten, ein Gespräch beginnen, in Gang halten, auf sein Gegenüber eingehen, das Gespräch beenden. Nutzt Gestik und Mimik.	**Teil 1:** Redet eine Minute oder länger über sein Taschengeld und deckt mehrere Teilbereiche ab. Erfüllt die gestellte Aufgabe in vollem Umfang. Kann einfache und konkrete Sachverhalte aus einem begrenzten und bekannten Repertoire präzise und flüssig darstellen. Kommt in **Teil 2** nach einigen Vorschlägen und Gegenvorschlägen zu einem Ergebnis bzw. einigt sich auf einen Kauf. **Teil 3:** Füllt die Rolle des Käufers umfassend aus und tätigt einen oder mehrere Käufe. Kann nach allen angebotenen Waren fragen. Handelt den Preis herunter. Füllt die Rolle des Verkäufers umfassend aus und erzielt einen oder mehrere Verkäufe. Nutzt die Hilfen auf der Preisliste. Kann auf alle Kaufanfragen reagieren. Versucht den Preis hochzuhalten.

[1] s. S. 76

Punkte	Aussprache/Intonation	Wortschatz und Strukturen (Korrektheit und Spektrum) (zählt doppelt)	Kommunikative Wirksamkeit, Nutzung von Strategien und Interaktion (zählt doppelt)	Aufgabenerfüllung/ Inhalt
6–5	Kann das bekannte Repertoire von Wörtern und Redewendungen trotz erkennbarem Akzent überwiegend deutlich und klar aussprechen (inkl. lebhafter Vortrag in Prüfungsteil 1). Unterstützt meist durch Betonung die kommunikativen Absichten. Beachtet überwiegend die Besonderheiten der englischen Aussprache (z.B. „th“, „v“, „w“, etc.) und des *word stress*.	Verwendet einige grammatikalische Strukturen und Teile des bekannten Wortschatzes (s.o.) meist korrekt.	**Teil 1:** Meist sinnvolle und zusammenhängende Beiträge, gelegentliche Nutzung von *gap fillers* bei Pausen. **Teil 2:** Interagiert in den meisten Fällen mit seinem Partner, hört gelegentlich aktiv zu, hält Gespräch teilweise in Gang. Macht teilweise Vorschläge bzw. Gegenvorschläge, bemüht sich teilweise um Einigung. Nutzt teilweise *gap fillers*, Gestik und Mimik. **Teil 3:** Kann als Kunde/ Verkäufer teilweise seine Interessen vertreten, das Verkaufsgespräch in Gang halten, den Preis in seinem Sinne aushandeln, auf sein Gegenüber eingehen, das Gespräch beenden. Nutzt teilweise Gestik und Mimik.	**Teil 1:** Redet knapp unter einer Minute, deckt einige Teilbereiche ab. Erfüllt die gestellten Aufgaben bzw. die Rollen in angemessenem Umfang. **Teil 2:** Erzielt Einigung nach wenigen Vorschlägen/Gegenvorschlägen. **Teil 3:** Füllt die Rolle des Käufers/Verkäufers zufriedenstellend aus und kann als Käufer nach den meisten Gegenständen fragen bzw. sie als Verkäufer anhand der Preisliste bewerben. Kann in der jeweiligen Rolle den Preis zufriedenstellend aushandeln.

Punkte	Aussprache/Intonation	Wortschatz und Strukturen (Korrektheit und Spektrum) (zählt doppelt)	Kommunikative Wirksamkeit, Nutzung von Strategien und Interaktion (zählt doppelt)	Aufgabenerfüllung/ Inhalt
4–3	Insgesamt noch deutliche Aussprache und Intonation, teilweise störende Mängel. Wenig Betonung. Einige Fehler bei den Besonderheiten der englischen Aussprache (s.o.)	Macht bei Wortschatz und Strukturen (s.o.) teilweise gravierende Fehler, die das Verständnis beeinträchtigen. Verwendet nur wenig der bekannten Lexik und nur wenige Strukturen. Einige muttersprachliche/deutsche Einstreuungen.	**Teil 1:** Beiträge sind teilweise stockend und nicht immer sinnvoll, macht Pausen ohne *gap fillers*. Einige Wiederholungen. **Teil 2:** Beansprucht die Geduld des Partners. Interagiert eingeschränkt mit dem Partner, macht Pausen ohne *gap fillers*. Hört kaum aktiv zu, hält Gespräch kaum in Gang. Macht kaum Vorschläge bzw. Gegenvorschläge, Einigung basiert kaum auf Argumenten, kaum Gestik und Mimik. **Teil 3:** Kann als Kunde/ Verkäufer kaum seine Interessen vertreten, ist kaum in der Lage, das Gespräch in Gang zu halten, auf sein Gegenüber einzugehen und den Preis in seinem Sinne auszuhandeln, das Gespräch zu beenden, kaum Gestik und Mimik.	**Teil 1:** Redet deutlich unter einer Minute. Erfüllt die gestellten Aufgaben nur teilweise. **Teil 2:** (Sehr) kurzes, Gespräch, Einigung erfolgt schnell aufgrund fehlender Vorschläge. **Teil 3:** Füllt die Rolle des Käufers/Verkäufers eingeschränkt aus. Kann als Käufer nur nach einigen Gegenständen fragen bzw. sie als Verkäufer nur eingeschränkt bewerben. Ist in der jeweiligen Rolle nur eingeschränkt in der Lage, den Preis auszuhandeln. (Sehr) kurzes Gespräch.
2–1	Häufige Mängel, erhebliche Beeinträchtigung des Verständnisses durch fehlerhafte Intonation und Aussprache.	Überwiegend fehlerhafter Einsatz von Lexik und Strukturen, die das Verständnis sehr stark beeinträchtigten. Sehr elementares Repertoire an Lexik und Strukturen. Häufige muttersprachliche/ deutsche Einstreuungen.	**Teil 1:** Beiträge sind sehr stockend und kaum sinnvoll, lange Pausen ohne *gap fillers*. **Teil 2:** Pausen strengen den Partner an. Interagiert kaum, dadurch sehr eingeschränkte und zähe Kommunikation. Einigung schwierig. Keine Gestik und Mimik. **Teil 3:** Kann seine Rolle als Käufer/Verkäufer aufgrund fehlender Interaktion und Strategien kaum wahrnehmen. Keine Gestik und Mimik.	**Teil 1:** Präsentation nur in Ansätzen gehalten bzw. abgebrochen. **Teil 2:** Kann nur ansatzweise Vorschläge machen, Einigung nicht nachvollziehbar. **Teil 3:** Ist zu unpräzise in seinen Äußerungen und kann den Äußerungen des Partners kaum folgen. Verkaufsgespräch kommt bruchstückhaft zustande.
0	Unverständlich	Völlig unzureichend und inadäquat	Beiträge unbrauchbar, keine Kommunikation möglich, keine Interaktion.	Erfüllt die Aufgaben nicht.

Anlage: Eingeführter Wortschatz als Grundlage für die Prüfung (Erwartungshorizont):

Präsentation	I would like to introduce myself/talk about myself. I am going to talk about my ... regularly (not) enough do little jobs spend money on expensive save money for my last increase That's all about me.	Over to you./It's your turn. Have you got any questions?
Bekannte Lexik zur Kommunikation und Interaktion (Interesse zeigen, nachfragen, Rückfragen stellen, Zeit gewinnen, siehe auch Worksheet A/B):	Who starts? OK, then I'll start. How do you say ... in English? What's the English word for ...? I see. Wow! Oh, really? That's cool/super/interesting. Me, too. How about you?	And you? I also like ... Sorry, I didn't catch that. Can you say that again, please? It's your turn (to take a card). This card is too difficult. OK, I've got that. Let me think ... Wait a sec. ... Thank you very much/You're welcome.
Vorschläge machen, ihnen zustimmen, sie ablehnen	How about buying some green socks? What do you think about this ...? Look, here is the new ...! Why don't we ...? I've got an idea. We could ... Let's get xy a ...! I think £ ... is too expensive! Have you seen the price? Xy hates ... ! Oh, my God, no! Hmm, I'm not sure. That's a bit boring.	Yes, that looks nice. A ...? Cool, why not! What a good idea! Why not – and the price is also OK. Yes, ... is a really great idea. Yes, he/she likes ...!

Verkaufsgespräch – Preise aushandeln	**Käufer**	**Verkäufer**
	Have you got ... ?	Yes, I've got ... over here, have a look ...
	I am looking for ...	No, sorry, I haven't got ...
	Can I try on the ..., please?	Yes, of course, no problem!
	I don't think this is my colour.	But it looks nice on you. The colour suits you.
	Have you got this in a different colour/ size?	No, I've only got this colour/size. Yes, I've also got it in green/.../in "M".
	Can I try out the ...	Yes, sure!
	Is this real silver/gold/leather?	Yes, of course, it's real silver/gold/leather. No, I think it's fake.
	How old is/are ... ?	It's/They are only ... years/months old.
	How much is the .../How much are the ... ?	It's/they are £ ...
	That's too expensive/too much for me.	
	I would buy it for £ ...	OK, let's say £ ...
	I would take the ... and the ... for £ ...	I can offer you ... and ... for £ ...
	£ ... is my last offer	No way! £ ... is my best offer.
	That's very expensive!	It's a good deal! It's real leather/silver/...!
	OK, I'll take it/them.	Great! Enjoy your new bike/guitar/... then!
	I have to think about it.	No problem, take your time.
	No, I don't think I'll take it/them.	No problem!

Evaluation Sheet – Oral exam II: Shopping (year 5)

Part 1 – My pocket money

Zweitprüfer

Name Schüler 1: ______________________

										Punkte	
Aussprache und Intonation	8	7	6	5	4	3	2	1	0		
Wortschatz und Strukturen (Korrektheit und Spektrum)	8	7	6	5	4	3	2	1	0		2-fach
Kommunikative Wirksamkeit und Nutzung von Strategien, Interaktion	8	7	6	5	4	3	2	1	0		2-fach
Aufgabenerfüllung und Inhalt	8	7	6	5	4	3	2	1	0		
								Total			

Name Schüler 2: ______________________

										Punkte	
Aussprache und Intonation	8	7	6	5	4	3	2	1	0		
Wortschatz und Strukturen (Korrektheit und Spektrum)	8	7	6	5	4	3	2	1	0		2-fach
Kommunikative Wirksamkeit und Nutzung von Strategien, Interaktion	8	7	6	5	4	3	2	1	0		2-fach
Aufgabenerfüllung und Inhalt	8	7	6	5	4	3	2	1	0		
								Total			

Erstprüfer

Name Schüler 1:	Name Schüler 2:
allg. Eindruck:	allg. Eindruck:

Schüler 1		Schüler 2	
Note Erstprüfer		Note Erstprüfer	
Note Zweitprüfer		Note Zweitprüfer	
Gesamtnote Teil 1		**Gesamtnote Teil 1**	

Part 2 – A birthday present

Zweitprüfer

Name Schüler 1: ______________________

										Punkte	
Aussprache und Intonation	8	7	6	5	4	3	2	1	0		
Wortschatz und Strukturen (Korrektheit und Spektrum)	8	7	6	5	4	3	2	1	0		**2-fach**
Kommunikative Wirksamkeit und Nutzung von Strategien, Interaktion	8	7	6	5	4	3	2	1	0		**2-fach**
Aufgabenerfüllung und Inhalt	8	7	6	5	4	3	2	1	0		
								Total			

Name Schüler 2: ______________________

										Punkte	
Aussprache und Intonation	8	7	6	5	4	3	2	1	0		
Wortschatz und Strukturen (Korrektheit und Spektrum)	8	7	6	5	4	3	2	1	0		**2-fach**
Kommunikative Wirksamkeit und Nutzung von Strategien, Interaktion	8	7	6	5	4	3	2	1	0		**2-fach**
Aufgabenerfüllung und Inhalt	8	7	6	5	4	3	2	1	0		
								Total			

Erstprüfer

Name Schüler 1:	**Name Schüler 2:**
allg. Eindruck:	**allg. Eindruck:**

Schüler 1		**Schüler 2**	
Note Erstprüfer		Note Erstprüfer	
Note Zweitprüfer		Note Zweitprüfer	
Gesamtnote Teil 2		**Gesamtnote Teil 2**	

Part 3 – The jumble sale

Zweitprüfer

Name Schüler 1: ______________________

										Punkte	
Aussprache und Intonation	8	7	6	5	4	3	2	1	0		
Wortschatz und Strukturen (Korrektheit und Spektrum)	8	7	6	5	4	3	2	1	0		2-fach
Kommunikative Wirksamkeit und Nutzung von Strategien, Interaktion	8	7	6	5	4	3	2	1	0		2-fach
Aufgabenerfüllung und Inhalt	8	7	6	5	4	3	2	1	0		
								Total			

Name Schüler 2: ______________________

										Punkte	
Aussprache und Intonation	8	7	6	5	4	3	2	1	0		
Wortschatz und Strukturen (Korrektheit und Spektrum)	8	7	6	5	4	3	2	1	0		2-fach
Kommunikative Wirksamkeit und Nutzung von Strategien, Interaktion	8	7	6	5	4	3	2	1	0		2-fach
Aufgabenerfüllung und Inhalt	8	7	6	5	4	3	2	1	0		
								Total			

Erstprüfer

Name Schüler 1:	**Name Schüler 2:**
allg. Eindruck:	**allg. Eindruck:**

Schüler 1		**Schüler 2**	
Note Erstprüfer		Note Erstprüfer	
Note Zweitprüfer		Note Zweitprüfer	
Gesamtnote Teil 3		**Gesamtnote Teil 3**	
Gesamtnote Teil 1–3		Gesamtnote Teil 1–3	

Rückmeldebogen für Schüler und Eltern

zur mündlichen Prüfung „Shopping“ in Klasse 5 ______

vom __________ 20 ______

Name der Schülerin/des Schülers ______________________________

Part 1 – My pocket money

Ich kann ...	++	+	o	–	– –
meine Gedanken strukturiert vortragen.					
ohne störende Pausen lebendig vortragen.					
Gesprächsstrategien anwenden (aushandeln, Zeit gewinnen, um Hilfe bitten, nachfragen ...).					
eine Minute lang reden.					
nahezu akzentfrei Englisch sprechen.					
den bekannten Wortschatz richtig anwenden.					
die bekannte Grammatik richtig anwenden.					

Part 2 – A birthday present

Ich kann ...	++	+	o	–	– –
Fragen ausformulieren und Antworten geben.					
Gesprächsstrategien anwenden (Vorschläge machen, ihnen zustimmen, sie ablehnen, eine Einigung erzielen, nachfragen, um Hilfe bitten).					
das Gespräch in Gang halten.					
aktiv zuhören, Interesse zeigen.					
nahezu akzentfrei Englisch sprechen.					
den bekannten Wortschatz richtig anwenden.					
die bekannte Grammatik richtig anwenden.					

Part 3 – The jumble sale

Ich kann ...	++	+	o	–	– –
als Kunde/Käufer ein Verkaufsgespräch führen und meine Interessen vertreten (beginnen, handeln, das Gespräch beenden).					
als Verkäufer ein Verkaufsgespräch führen und meine Interessen vertreten (meine Waren anpreisen, handeln, das Gespräch beenden).					
den bekannten Wortschatz richtig anwenden.					
die bekannte Grammatik richtig anwenden.					
nahezu akzentfrei Englisch sprechen.					

Your mark: ______________________ Parents' signature: ______________________

Oral exam I: Getting around (year 6)

Vorbereitung der mündlichen Prüfung

Erläuterungen zur Unterrichtsreihe und zu den Worksheets ➔ S. 83

Worksheets ➔ S. 87

WS 1: A London mind map
WS 2: 1-minute presentation – London
WS 3: Lisa's fact card and presentation
WS 4: My fact card
WS 5: My presentation of a London sight

WS 6: Make questions about England
WS 7: Question cards
WS 8: Keep talking!

WS 9: Street plan of Newfield (Folie)
WS 10: Partner A – Where are these places in Newfield?
WS 11: Partner B – Where are these places in Newfield?
WS 12: Asking for the way
WS 13: A vocabulary walk
WS 14/EM[1]**:** Partner A – Street plan of Newfield
WS 15/EM: Partner B – Street plan of Newfield

Durchführung der mündlichen Prüfung

Die Prüfung ➔ S. 108

Part 1 – Monologue
Talk about one of the London sights *(1-minute presentation)*

Part 2 – Dialogue
My trip to England (WS 7)

Part 3 – Dialogue
Asking for the way
(*street plans* WS 14/15 als *exam material*; adaptierbare Dateien auch auf der CD-ROM.)

Bewertungskriterien ➔ S. 109

Evaluation Sheet ➔ S. 113

Rückmeldebogen für Schüler und Eltern ➔ S. 116

Durchführung der Reihe/Vorbereitung :	je nach Lerngruppe ca. 16 Stunden à 45 Minuten
Prüfungsform:	Schülerpaare. Die Paare sollen bereits zu Beginn der Vorbereitung feststehen, sodass die Lernenden während der gesamten Übungsphase mit ihrem Prüfungspartner zusammenarbeiten und sich auf ihn einstellen können.
Dauer der Prüfung:	ca. 12 Minuten pro Paar plus ca. 12 Minuten Nachbesprechung und Bewertung direkt im Anschluss.
Allgemeine Hinweise:	Den Schülerinnen und Schülern sollte das gesamte Prüfungsmaterial bereits aus der Vorbereitungsphase bekannt sein. Die unbekannte Prüfungssituation ist sehr aufregend und es ergeben sich vor allem in den Teilen 2 und 3 genügend spontane und unvorhergesehene Frage-Antwort-Konstellationen. Die Prüflinge dürfen keine schriftlichen Notizen mit in die Prüfung bringen.

[1] EM = exam material

Vorbereitung der mündlichen Prüfung

Erläuterungen zur Unterrichtsreihe und zu den Worksheets

Part 1 – Monologue: Talk about one of the London sights (1-minute presentation)

Die Vorbereitung des ersten Prüfungsteils sollte mit diesem monologischen Teil beginnen, weil die Schülerinnen und Schüler ihn gut zu Hause vorbereiten, überarbeiten und auswendig lernen können. Für die Prüfung selber empfinden die Lernenden es als beruhigend, wenn sie mit einem gut vorbereiteten Teil beginnen können.

Worksheet 1: A London mind map

Auf diesem Worksheet soll das Vorwissen der Lernenden über London aktiviert werden. In den Lehrwerken wird London in Jahrgangsstufe 6 behandelt, daher können sie als Informationsquelle genutzt werden. Darüber hinaus können die Schülerinnen und Schüler hier ihr Weltwissen anbringen, Stadtpläne von London oder das Internet nutzen.

Worksheet 2: 1-minute presentation – London

Dieses Worksheet soll die Schülerinnen und Schüler mit den grundlegenden Regeln einer Präsentation vertraut machen, es bietet allgemeine Tipps und enthält gleichzeitig viel *language support* für jeden Teil ihres Vortrags. Da viele Schülerinnen und Schüler Schwierigkeiten mit dem Vortragen vor der gesamten Lerngruppe haben, sollte die Lehrkraft besonders auf die Tipps in der Box *This makes a presentation better* hinweisen, ebenso wie auf die Struktur einer Präsentation. Die Redemittel sollten im Plenum zunächst geklärt werden, damit die Lerner sie für sich nutzen und ausbauen können.

Worksheet 3: Lisa's fact card and presentation

Zur Vorbereitung ihrer Präsentation sollen die Lernenden sich eine oder zwei Sehenswürdigkeiten Londons aussuchen und Nachforschungen darüber anstellen. Die fiktive Person Lisa macht es vor: Sie hat sich den *Tower of London* ausgesucht und auf einer *fact card* die wichtigsten Informationen unter bestimmten Gesichtspunkten zusammengestellt. Daraus hat sie eine Präsentation geschrieben, die die Schülerinnen und Schüler auf der zweiten Seite dieses Worksheets zunächst lesen sollen. In ihrer Präsentation hat Lisa zu Beginn eine Struktur vorgegeben, die sie im späteren Verlauf wieder aufnimmt. Außerdem hat sie ihre Gedanken zu jedem Unterpunkt sinnvoll gebündelt. Beides gemeinsam, ebenso wie Worksheet 2, bildet eine gute Grundlage und Formulierungshilfe für die eigene Präsentation der Lerner. Bevor Lisas Präsentation gelesen wird, sollte die Lehrkraft auf die Hinweise zur Nutzung des Internets verweisen, die sich oben auf der zweiten Seite finden. Lerner neigen aus Bequemlichkeit oft dazu, Informationen aus dem Internet ungekürzt zu übernehmen, mit dem Ergebnis, dass sie viele Begriffe ihrer eigenen Vorträge nicht verstehen und aussprechen können. Für die Zuhörer sind derartige Vorträge sehr anstrengend und haben wenig Lernzuwachs. Lisa hat sieben unbekannte Wörter in ihrer *fact card* benutzt – möglicherweise macht es Sinn, auch für die Schüler die Anzahl der unbekannten Wörter zu begrenzen. Den anderen Lernern müssen diese neuen Begriffe dann jeweils vor einer Präsentation vom Vortragenden erklärt werden.

Worksheet 4: My fact card

Diesen Vorschlag einer *fact card* können die Schülerinnen und Schüler für ihre eigene Präsentation nutzen bzw. abwandeln – je nach Sehenswürdigkeit müssen die Kriterien abgewandelt oder ergänzt werden. Hier ist die individuelle Hilfestellung der Lehrkraft im Einzelfall erforderlich.

Worksheet 5: My presentation of a London sight

Der erste Entwurf des Vortrags soll auf den weißen Linien geschrieben werden – die grauen Linien sind für spätere Korrekturen und Ergänzungen gedacht. Ggf. benötigen die Schülerinnen und Schüler eine weitere Kopie dieses Worksheets. Der Vortrag kann als Hausaufgabe vorbereitet werden und später in Partnerarbeit unter verschiedenen Aspekten korrigiert und ergänzt werden. Vor der Präsentation im Plenum erfolgt noch ein weiterer Zwischenschritt: Die Lernenden werden in Dreiergruppen eingeteilt und tragen sich ihre Präsentationen vor. Die Aufgabe der Zuhörer ist es, die Zeit zu stoppen und (mit dem Worksheet E *Feedback for presentations)* Feedback zu geben. Die Erfahrung zeigt, dass viele Lernende weniger als eine Minute reden.

Talk to me!

Worksheet D: How to give feedback (S. 155)

Bevor die Lerner sich tatsächlich eine Rückmeldung zu den Präsentationen geben, sollten sie trainieren, wie eine solche Rückmeldung in der Zielsprache formuliert werden kann. Erläuterungen dazu finden Sie auf S. 150.

Worksheet E: Feedback for presentations (S. 156)

Die eigentliche Rückmeldung zu den Präsentationen sollte nun in Dreiergruppen anhand dieser *feedback sheets* stattfinden (S. 156), und später auch im Plenum. Im Laufe der Prüfungsvorbereitung sollte die Lehrkraft immer wieder 2–3 Lernern die Gelegenheit geben zu präsentieren, damit die Qualität stetig verbessert werden kann.

Part 2 – Dialogue: My trip to England

In diesem Prüfungsteil sollen die Lernenden sich über eine (möglicherweise fiktive, möglicherweise aber auch tatsächlich stattgefundene) Klassenfahrt oder einen Schüleraustausch in England unterhalten. Der hier vorgeschlagene Ort ist Brighton, aber im entsprechenden Word-Dokument auf der CD-ROM kann natürlich je nach Gegebenheit oder Vorliebe jeder andere Ort eingesetzt werden. Als Vorbereitung auf den Dialog (unterstützt durch Fragekärtchen) sollen die Lernenden in der Übungsphase zunächst alle Fragen ausformulieren, die auf den Kärtchen lediglich als Versatzstücke notiert sind, und hierbei ggf. von der Lehrkraft korrigiert werden. Als grammatische Struktur wird bei Fragen und Antworten vor allem das *simple past* trainiert. Wenn Lerner dann beginnen, ihrem Partner Fragen zu stellen bzw. die Fragen des Partners zu beantworten, ergibt sich erfahrungsgemäß ein „Ping-Pong-Spiel“ (Frage, Antwort, nächste Karte, Frage, Antwort, nächste Karte ...). Das Ziel ist jedoch, ein **Gespräch** zu führen, inklusive aktivem Zuhören, Nachfragen, Kommentieren, Interessebekunden und der Suche nach Überleitungen. Theoretisch könnten die Schüler also während des gesamten zweiten Teils über eine einzige Karte reden, wenn es ihnen gelingt, das Gespräch immer weiter zu spinnen. Die Fragekärtchen dienen nur als Stütze, falls dies nicht gelingt. Das Worksheet 8 *Keep talking!* (S. 96) ist für die Vorbereitung dieser Aufgabe gedacht, ebenso wie alle Worksheets des übergreifenden Teils *Talk to me!*, der die Schülerinnen und Schüler mit zahlreichen Redemitteln für die oben angesprochenen Redeanlässe ausstattet.

Auch dieser Prüfungsteil kann zunächst einem anderen Paar, dann im Plenum vorgestellt werden, damit gemeinsam überlegt werden kann, wo ein Gesprächsthema „aus- oder angebaut“ werden kann. Hier brauchen die Lernenden in der Regel viel Unterstützung und müssen von Anfang an wissen, dass während der Prüfung ein Gespräch von ihnen erwartet wird.

Nicht zuletzt gehört zu einem Gespräch auch, dass die Lernenden einander zugewandt sitzen und sich anschauen, damit sie Gestik und Mimik einsetzen können. Die Schülerinnen und Schüler tun dies jedoch nicht von allein, deshalb sollte die Lehrkraft sie ausdrücklich darauf hinweisen.

Worksheet 6: Make questions about England

Dieses Worksheet stellt den Lernenden die komplette Auswahl der Fragen vor, die ihnen auch in der Prüfung begegnen können. Sie sollen zunächst in Einzelarbeit aus den Versatzstücken möglichst viele vollständige und korrekte Fragen (überwiegend im *simple past*) ausformulieren. Dann kann zu zweit und im Plenum ergänzt werden, sodass jeder Lerner einen kompletten Satz an Fragen zur Verfügung hat. Außerdem können Fragealternativen notiert werden, da es bei einigen Karten mehrere Möglichkeiten der Formulierung gibt (z.B. Karte Nr. 8: *Did you go on the London Eye?/How did you like the London Eye?*). Am Ende sollen die Lerner sich einige Fragen aussuchen, die sie beantworten.

Worksheet 7: Question cards

Hier finden sich noch einmal dieselben Fragekärtchen in größerem Format. Sie können laminiert, ausgeschnitten und in Briefumschläge gesteckt werden (idealerweise 1 Umschlag pro Paar) und kommen dann in der Prüfung zum Einsatz, aber die Lernenden sollten auch bereits vor der Prüfung immer wieder damit üben, damit tatsächlich Gespräche entstehen und die zahlreichen Wege dorthin erkundet werden.

Worksheet 8: Keep talking!

Wie bereits in den einleitenden Worten zu Teil 2 erwähnt ist das Ziel der Übung ein Gespräch, d.h., die Schülerinnen und Schüler sollen möglichst lange über eine Karte oder ein Thema reden. Auf diesem Worksheet sollen sie zunächst anhand einer Beispielunterhaltung reflektieren, warum diese langweilig ist. Im nächsten Schritt erarbeiten sie, was dem Gespräch fehlt und wie und wo Teile eingefügt werden können, damit der Austausch spannender wird.

Im Anschluss an diese Aufgaben brauchen die Lerner viel Zeit, um mit den *question cards* zu üben. Die Lehrkraft sollte diesen Gesprächen immer wieder zuhören, einhaken, wo „verpasste" Gesprächsgelegenheiten sind, und zum Ausbau eines Gesprächsstrangs – auch im Plenum – ermutigen.

Worksheet F: Feedback for dialogues (S. 157)

Talk to me!

An dieser Stelle sollte das *Feedback for dialogues* (siehe Erklärung dazu S. 151) eingesetzt werden, um die Qualität der Dialoge anhand bestimmter, schülergerecht formulierter Kriterien zurückzumelden.

Part 3 – Dialogue: Asking for the way (street plans)

Im letzten Prüfungsteil sollen die Lernenden sich mit Stadtplänen und Wegbeschreibungen auseinandersetzen. Dazu lernen sie die fiktive Stadt *Newfield* mit ihren Straßen, Orten und Gebäuden kennen. Da bei einer Wegbeschreibung viele Teilbereiche gebündelt werden müssen (Höflichkeit, Präpositionen, Wortschatz, Strukturen (z.B. englische Straßennamen ohne *the*), werden diese Aspekte in zahlreichen Übungsschleifen wiederholt und verändert.

Worksheet 9: Street plan of Newfield (Folie)

Dieses Worksheet sollte als Folie genutzt werden, um den Stadtplan der gedachten Stadt *Newfield* und alle Gebäude, Geschäfte etc. einzuführen. Es handelt sich hier im Prinzip bereits um den Plan, mit dem die Schülerinnen und Schüler in der Prüfung arbeiten. Die Lehrkraft kann mithilfe der entsprechenden Dokumente auf der CD-ROM die Gebäude auch anders platzieren.

Worksheet 10/11: Partner A/Partner B – Where are these places in Newfield?

Mit diesen jeweils zwei Worksheets pro Partner können die Schülerinnen und Schüler in Form einer *information gap activity* jeweils nach 6 Orten auf dem Stadtplan fragen. Sie schneiden sie aus (Blatt 1), fragen ihren Partner – der diese Informationen hat – nach diesen Orten auf dem Stadtplan und lassen sich auf Englisch erklären, wo sie sie aufkleben müssen (Blatt 2). Auch wenn dem jeweils anderen Partner auf dem eigenen Stadtplan Gebäude fehlen, gibt es immer mindestens zwei weitere Möglichkeiten, das gesuchte Gebäude bzw. den gesuchten Ort zu beschreiben. Dann wird gewechselt. Dies kann natürlich auch mit anderen Gebäuden wiederholt werden und dient besonders der Übung der Präpositionen.

Worksheet 12: Asking for the way

Hier handelt es sich um eine einfache Zuordnungsaufgabe, bei der alle Redemittel und Höflichkeitsfloskeln, die in Teil 3 der mündlichen Prüfung vorkommen könnten, vorgestellt und wiederholt werden. Die Erarbeitung sollte in Einzelarbeit, die Überprüfung lerntempoabhängig am *bus stop* stattfinden. *Bus stop* ist eine Methode zur Lerntempodifferenzierung und eine Variante des Lerntempoduetts[1]. Die Schüler, die eine Aufgabe fertig bearbeitet haben, gehen mit ihren Aufgaben und Schreibmaterial zu einer gedachten Bushaltestelle, erkennbar an einem entsprechenden laminierten Bushaltestellenschild, das die Lehrerin oder der Lehrer vorher an zwei bis drei Stellen im Klassenzimmer aufgehängt hat. Dort warten sie auf einen anderen Schüler, setzen sich an einen freien Platz und vergleichen, korrigieren und ergänzen ihre Aufgaben. Bei mehreren, aufeinanderfolgenden Aufgaben trennen sie sich dann wieder, bearbeiten die nächste Aufgabe und müssen nun mit einem anderen Mitschüler vergleichen. Auf diese Weise können Lernende in ihrem eigenen Tempo arbeiten und müssen nicht warten, bis ihr Tischnachbar fertig ist. Eine wichtige Regel ist, dass jeder Lernende bereit ist, mit jedem anderen zusammenzuarbeiten, und nicht wartet, bis der Freund oder die Freundin an der Bushaltestelle steht.

Worksheet 13: A vocabulary walk

Die Tabelle auf diesem Worksheet muss in der Mitte gefaltet, die Seiten aufeinandergeklebt und die Begriffe zeilenweise ausgeschnitten werden, sodass zweiseitige, nummerierte Lernkarten mit einer englischen und einer deutschen Seite entstehen. Je nach „Lernrichtung“ legt die Lehrkraft die Karten dann mit der deutschen oder der englischen Seite nach oben in der Klasse auf Tischen aus. Die Schüler gehen daran entlang, lesen z.B. den englischen Begriff, überlegen, ob sie die deutsche Entsprechung kennen, drehen die Karte um und überprüfen ihre Vermutung. Wenn sie einen Begriff nicht wissen, schreiben sie ihn auf Deutsch und Englisch auf die dafür vorgesehen Liste. Jeder Begriff sollte zwecks besserer Einübung doppelt als Karte vorhanden sein, sodass sie Lernenden immer wieder begegnen und sich einschleifen können.

Worksheet 14/15 or Exam material: Partner A/Partner B – Street plan of Newfield

Diese beiden Stadtpläne sind ebenfalls *information gap activities* und gleichzeitig schon die Vorlagen für die Prüfung. Die Lerner sollen nun all ihr Wissen aus den letzten Unterrichtseinheiten bündeln und sich gegenseitig nach bis zu drei Orten/Gebäuden fragen, die auf ihrem Stadtplan fehlen. Diese Gebäude können auf der beiliegenden CD-ROM ausgetauscht werden, sodass am Tag der Prüfung eine Version zur Verfügung steht, die die Prüflinge noch nicht kennen.

---

[1] Siehe auch: Brüning, Ludger; Saum, Tobias: Erfolgreich unterrichten durch Kooperatives Lernen. S. 68 ff. NDS Verlagsgesellschaft, Essen, 2006

A London mind map

Look at this mind map of London and fill in as much information as possible about each topic. Then compare your mind map with a partner and add what's missing.

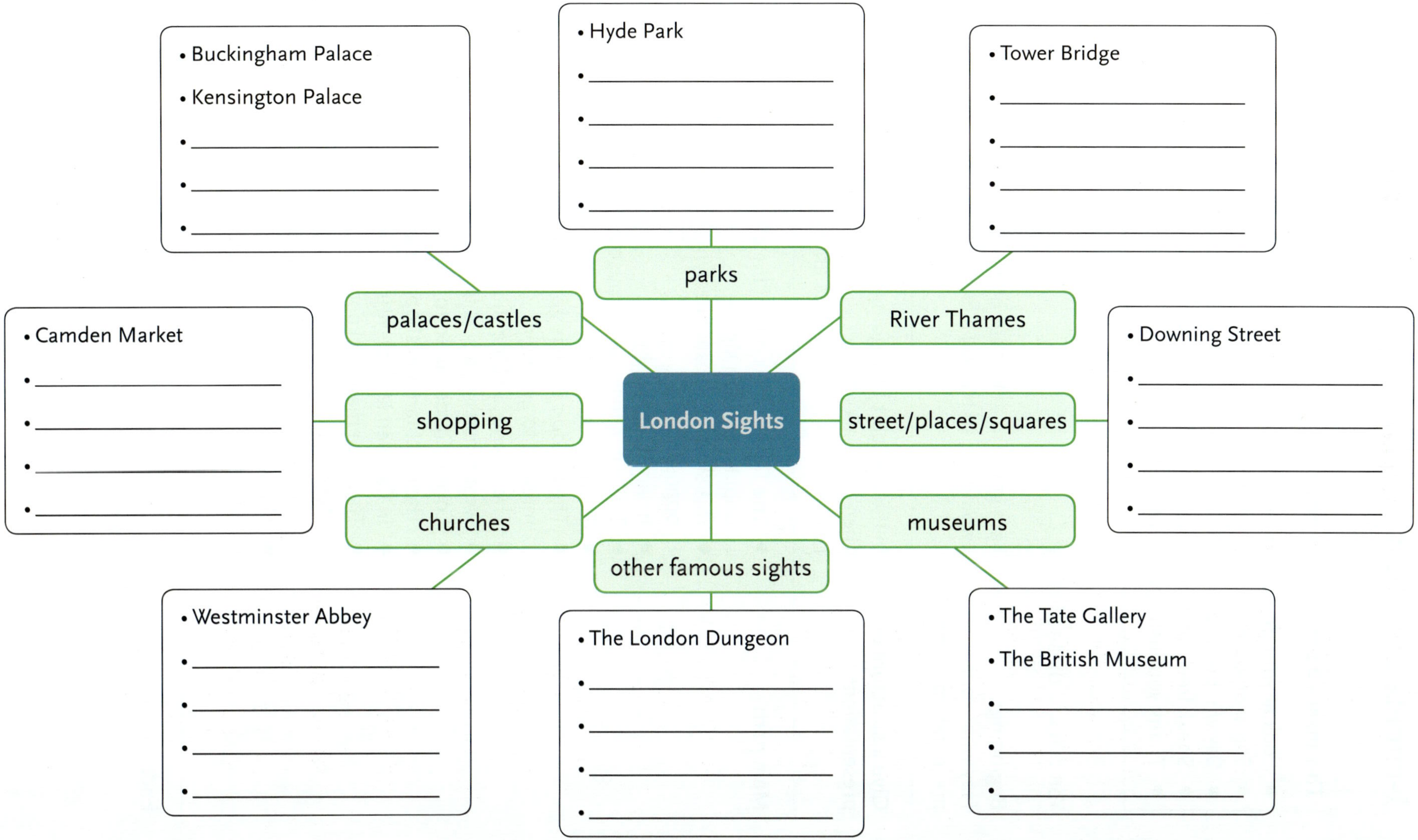

1-minute presentation – London

This makes a presentation better:

- Look at your group and keep eye contact.
- Stand on both feet and relax.
- Say what your presentation is about before you start.
- Speak freely (without reading) and use key words.
- Thank your listeners at the end.

You can use these phrases:

Beginning: (say what your presentation is about)	I am going to talk about one/two of the London sights. I would like to tell you a few things about ... and ... in London.
Give a structure of your presentation:	In the first part I am going to tell you ... Then I will talk about ... I will finish with some facts about ...
Main part:	• The Tower/ ... /is one of the oldest/highest/most famous/most popular London sights. • It is situated/located near/in the centre of .../close to .../next to .../ opposite the ... • It was built in ... by ... • Today it is (used as) a museum/... / • There are always long queues at ... • The London Eye has got ... capsules and is ... m high. It takes ... minutes to go round. • The (scene ... of the) film ... was made there. • Westminster Abbey is famous because ... wedding took place there. • Covent Garden used to be a covered market and today, ... • The most famous shopping areas in London are ... • In Camden Market, you can buy ... • There are many pickpockets ... • Many tourists and office workers visit Regent's Park and Hyde Park to have picnics and lunch breaks. • Many tourists visit ... • At Mme Tussauds, you can see ... A ticket costs ... • ...
End:	That's all about ... and ... Thank you for listening. Over to you./Now, it's your turn. Have you got any questions?

Lisa's fact card and presentation

Lisa wants to make a presentation about one of the London sights. Her favourite sight is the Tower of London. First of all, she made a fact card. Read it carefully – you can use it as an example for your own fact card.

Lisa's fact card

Sight: The Tower of London	
What is it?	a fortress[1] and a royal palace
Where is it?	on the River Thames, near the city centre, on the northern side of the river
When was it built?	• safe place to live for William the Conqueror, a French nobleman[2] • first part: 1078 • the first Tower: made of wood, later: white stones – "White Tower" • walls around the White Tower and moat[3] finished 200 years later • one of the oldest buildings in London
It was used as:	• a fortress • a palace for kings and queens • a prison (until 1941) • a treasure chamber[4] for the crown jewels
The Tower as a prison and a place for execution:[5]	• for important prisoners, not for normal criminals • famous prisoners: Anne Boleyn, Catherine Howard (two of Henry VIII's six wives. They were also executed[5] in the Tower).
Interesting facts:	• Traitors'[6] Gate (River Thames, for prisoners) • ravens in the Tower for hundreds of years – legend: as long as they are there, nothing bad will happen to England
Today:	• a tourist attraction, • a museum (of weapons, armour[7]), • a treasure chamber for the crown jewels (since 1300)

---

[1] fortress – Festung
[2] nobleman – Adeliger
[3] moat – Wassergraben
[4] treasure chamber – Schatzkammer
[5] execution – Hinrichtung, to be executed – hingerichtet werden
[6] traitor – Verräter, traitors' gate – Tor der Verräter
[7] armour – Rüstung

Lisa has found some of the facts about the Tower in her English book, but she has also done some Internet research[8]. You can find a lot of information about London sights on the Internet, but be careful:

1. Only use information from Internet sites that you understand yourself. **Don't copy words or facts that you don't understand or can't pronounce[9]!** If you can't pronounce words, your listeners won't understand what you tell them – that's not good for a presentation. Your listeners should always think that you are an expert! So, if you take information or facts from the Internet, always write them down **in your own words.**
2. A lot of things you find on Internet sites are not important. Try to use facts that are **important** for your presentation.

Lisa's presentation

And this is Lisa's presentation. She has used the information from her fact card and from worksheet 2 "1-minute presentation".

I would like to tell you a few things about one of the London sights. The sight I have chosen is the Tower of London.

First of all, I am going to tell you what the Tower is, about its history, how old it is and how it was used. In the second part of my presentation I will talk about some interesting stories about the Tower and why people visit it today.

The Tower of London is a very old fortress and a royal palace. It is on the northern side of the River Thames, near the city centre.

William the Conqueror arrived in England in 1066 and wanted to become England's king. He was a French nobleman and the English people didn't like him, so he needed a safe place to live. The Tower became his palace. The first part of the Tower was started in 1078, and it was made of wood. Later, people used white stones to make it stronger; that's how it got its name "White Tower". The outer walls and the moat came 200 years later. Today, the Tower is one of the oldest buildings in London.

In later years, it was still a home for kings and queens and it was also used as a prison, but not for normal prisoners. The Tower was only for famous prisoners, for example Anne Boleyn and Catherine Howard. They were two of the six wives of Henry VIII, and they were also executed in the Tower.

Now, in my second part, I will tell you some interesting things. There are some strange stories about the Tower. Today, there is a road between the river and the Tower, but in the past, the Thames was right next to the Tower walls. You could even enter the Tower by boat through the Traitors' Gate. People say that the prisoners who arrived in the Tower through this gate never came out alive.

Another story about the Tower is about the ravens. They have lived in the Tower for hundreds of years, and people say that as long as the ravens are there, nothing bad will happen to England.

Today, the Tower is a tourist attraction. Often you must queue for a long time before you get in, and it takes hours to see everything that is inside. Many people from all over the world go there because they want to see the old prison, but mainly the treasure chamber with the Queen's crown jewels.

That's all about the Tower of London. I hope I could tell you some interesting facts about it.
Thank you for listening.

---

[8] research – Nachforschungen, Recherche
[9] to pronounce – aussprechen

My fact card

Now choose one or two sights from your mind map (worksheet 1) that you would like to present. Then make a fact card about each sight. Every fact card will be a bit different. Look at Lisa's fact card (worksheet 3) again and then make your own. It/they could look like this:

Fact card

Sight:	
What is it?	
Where is it?	
When was it built?	
It was used as:	
Some interesting facts:	
Today it is used as[1]:	

[1] For some sights you don't need this line (e.g. the London Eye, the London Dungeon, Mme Tussauds, etc.)

My presentation of a London sight

Now use your information from your fact card(s) as well as worksheets 2 and 3 and write a presentation about your sight(s). You can see from Lisa's presentation about the Tower that she told her listeners what she would talk about in her first/second part and at the end. You should do the same! Use only the white lines for writing. You might need a second sheet. When you have finished, read your text out loud (not too slowly, not too fast!) and time yourself[1]. You must talk for 60 seconds!

In class:

Read your presentation to the other two people in your group. Is it long enough or is it too short? You can use the grey lines to correct words or sentences or to write more about your London sight.

[1] time yourself – stoppe deine Zeit

Make questions about England

Imagine that you went to Brighton in England on your last class trip! You even spent one of the days in London and saw some of the sights. In this exercise, you talk about your class trip. First of all, look at these question cards. Can you find the missing words and write complete questions in the simple past?

1	When ... go to Brighton?	2	How ... get there?	3	How long ... the journey[1]?	4	... stay in a youth hostel or a host family?
5	... food?	6	... the weather?	7	What ... in London?	8	... the London Eye?
9	What ... the worst in England?	10	... souvenirs?	11	What ... in the evenings?	12	What ... the best in England?
13	... the pier or the beach?	14	What ... different from Germany?	15	... homesick?	16	... favourite sight in London?

Write your questions into these lines:

1	
2	How did you get there?
3	
4	
5	
6	
7	
8	
9	
10	
11	
12	
13	
14	
15	
16	

[1] journey – Reise

Can you also make different questions? Find at least four cards and write the card numbers into the little boxes:

5	What was your favourite food in England?

And now find answers to at least six questions. Again, write the card numbers into the little boxes:

Question	**13**	Did you often go to the pier or the beach?
Answer		Yes, I often went to the pier, but I lost some money there.
Question		
Answer		
Question		
Answer		
Question		
Answer		
Question		
Answer		
Question		
Answer		
Question		
Answer		

Question cards

1	2	3	4
When ... go to Brighton?	How ... get there?	How long ... the journey?	... stay in a youth hostel or a host family?
5	**6**	**7**	**8**
... food?	... the weather?	What ... in London?	... the London Eye?
9	**10**	**11**	**12**
What ... the worst in England?	... souvenirs?	What ... in the evenings?	What ... the best in England?
13	**14**	**15**	**16**
... the pier or the beach?	What ... different from Germany?	... homesick?	... favourite sight in London?

Keep talking!

a) Sarah and Pete are taking cards, asking questions and giving answers. Read what they say.

Card no.		
5 ... food?	**Sarah:** **Pete:**	How did you like the food? The food was OK. **(takes the next card ...)**
7 What ... in London?	**Pete:** **Sarah:**	What did you do in London? We went on a sightseeing tour. **(takes the next card ...)**
10 ... souvenirs?	**Sarah:** **Pete:**	Did you buy any souvenirs? Yes, I did. **(takes the next card ...)**

b) Talk to a partner (you can speak German).

- Why is this conversation boring?
- How can it be more interesting?

c) Now you! Try to make this conversation more interesting.

Example: Sarah: How did you like the food?
Pete: The food was OK.

What could Sarah say to Pete or ask him?

1) *She could ask:* What did you have for breakfast?
2) *or she could say:* Yuck! I thought the food was awful! We ate these horrible steaks for dinner ...
3) *or:* Yes, I think so, too! Our food was very nice, too. My landlady made a fantastic pizza with ...

What could Pete answer?

1) *He could say:* We had cereal and also white and brown toast.
2) *or:* No, our food wasn't awful at all. Some of it was even yummy!
3) *or:* Oh really? We had a curry one evening, ...
...

Continue the conversation:

Pete: What did you do in London?
Sarah: We went on a sightseeing tour.

Pete:

1) ______________________________

or: 2) ______________________________

Sarah:

1) ______________________________

or: 2) ______________________________

Sarah: Did you buy any souvenirs?
Pete: Yes, I did.

Sarah:

1) ______________________________

or: 2) ______________________________

Pete:

1) ______________________________

or: 2) ______________________________

Street plan of Newfield (Folie)

Partner A
Where are these places in Newfield?

In your street plan of Newfield, some places are missing. Your partner can tell you where they are.

You are partner A.
Don't let partner B see your street plan!

Cut these pictures out. Then ask your partner where the places are and stick them on the map!

Example: Can you tell me where the tourist information is?

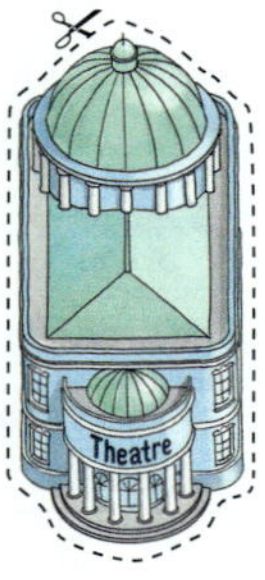

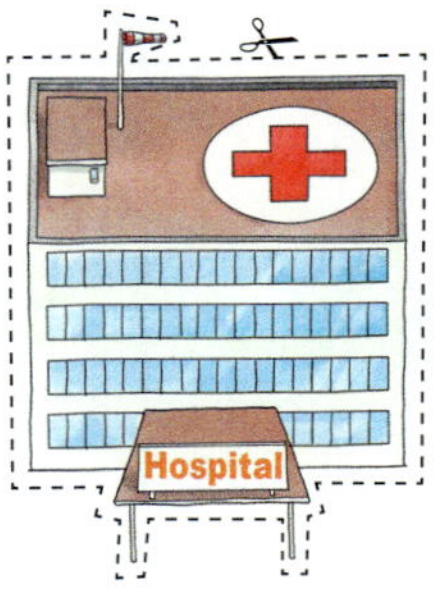

You can ask like this:

Where is …?
Can you tell me where … is?
Is this right?/Like this?/So it's here?

Your partner will also ask you where some places are in Newfield.

You can help him/her like this:

- … is opposite the …
- It's between the … and the …
- It's next to …
- It's behind/in front of …
- It's at the end of … Street/Road on the left/on the right.
- The … is to the left/to the right of …

Street plan of Newfield

Partner B
Where are these places in Newfield?

In your street plan of Newfield, some places are missing. Your partner can tell you where they are.

You are partner B.
Don't let partner A see your street plan!

Cut these pictures out. Then ask your partner where the places are and stick them on the map!

Example: Can you tell me where the playground is?

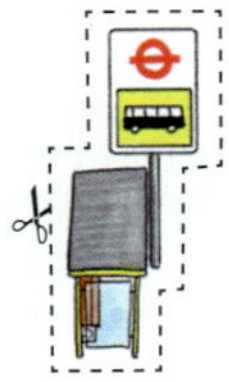

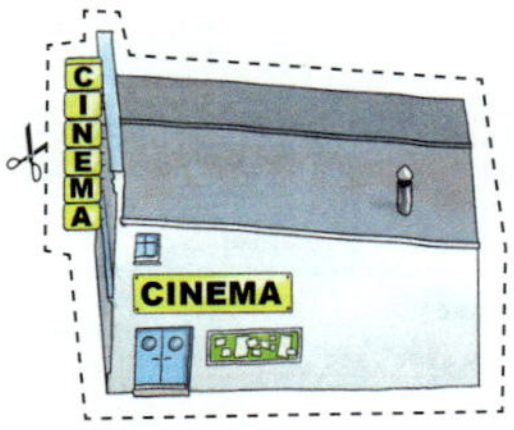

You can ask like this:

Where is ...?
Can you tell me where ... is?
Is this right?/Like this?/So it's here?

Your partner will also ask you where some places are in Newfield.

You can help him/her like this:

- ... is opposite the ...
- It's between the ... and the ...
- It's next to ...
- It's behind/in front of ...
- It's at the end of ... Street/Road on the left/on the right.
- The ... is to the left/to the right of ...

Street plan of Newfield

Asking for the way

Match the German and the English sentences:

English

1	You pass the cinema.
2	Go straight on.
3	Go along xy Street.
4	Cross the bridge.
5	Turn left into xy Street.
6	On your left you can see the shoe shop.
7	OK, I've got that now.
8	Turn right into xy Road.
9	Carry on along xy Street.
10	Excuse me, please, can you help me?
11	Thank you very much.
12	How can I get to the castle?
13	You're welcome.
14	Let me think ...
15	What was the name of the street again?
16	The park is on the right.
17	The church is opposite the hotel.
18	The hospital is between the school and the hotel.
19	The bus stop is next to the theatre.

German

a	Überqueren Sie die Brücke.
b	Die Kirche ist gegenüber dem Hotel.
c	Wie war nochmal der Name der Straße?
d	Entschuldigung, können Sie mir helfen?
e	Wie komme ich zum Schloss?
f	Gehen Sie immer geradeaus.
g	Biegen Sie rechts in die xy Road ein.
h	Lassen Sie mich nachdenken ...
i	Vielen Dank.
j	Sie kommen am Kino vorbei.
k	Gut, das habe ich jetzt verstanden.
l	Das Krankenhaus ist zwischen der Schule und dem Hotel.
m	Gehen Sie die xy Street entlang.
n	Biegen Sie links in die xy Street ein.
o	Die Bushaltestelle ist neben dem Theater.
p	Gern geschehen.
q	Links sehen Sie das Schuhgeschäft.
r	Der Park ist rechts.
s	Gehen Sie weiter die xy Street entlang.

A vocabulary walk

Fold the grid in half along the bold[1] middle line. Then glue[2] both halves together. Finally, cut up the vocabulary cards, so that you have one German and one English side to each card.

1	Entschuldigung, kann ich dich etwas fragen?	1	Excuse me, can I ask you a question?
2	Entschuldigung, kannst du mir bitte helfen?	2	Excuse me, can you help me, please?
3	Ja, natürlich	3	Yes, of course.
4	Wie komme ich zum Kaufhaus?	4	How do I get to the department store?
5	Wie ist der (kürzeste) Weg zum Theater?	5	What's the (nearest) way to the theatre?
6	Das ist einfach.	6	That's easy.
7	Gehe die Old Street entlang/hinunter.	7	Go down Old Street.
8	Biege rechts ab in die New Road.	8	Turn right into New Road.
9	Dann biege links ab in die Church Lane.	9	Then turn left into Church Lane.
10	Gehe immer geradeaus.	10	Go straight on.
11	Danach überquere die Brücke.	11	After that, cross the bridge.
12	Dann überquerst du die Park Avenue.	12	Then you cross Park Avenue.
13	Die Kirche ist auf der rechten Seite.	13	The church is on the right.
14	Der Spielplatz ist auf der linken Seite.	14	The playground is on the left.
15	Das Hotel ist gegenüber der Kirche.	15	The hotel is opposite the church.

[1] bold – fett gedruckt
[2] glue – kleben

16	Das Kino ist zwischen dem Park und dem Schuhgeschäft.	16	The cinema is between the park and the shoe shop.
17	Das Blumengeschäft ist neben dem Parkhaus.	17	The flower shop is next to the car park.
18	Die Schule ist an der Brücke.	18	The school is by the bridge.
19	Das Krankenhaus ist am Fluss.	19	The hospital is by the river.
20	Vielen Dank.	20	Thank you very much.
21	Gern geschehen.	21	You're welcome.

A vocabulary walk

Walk along the vocabulary cards. Pick up the card and try to translate[1] the sentence. Then turn the card and check if you are right. If not, write the numbers and the sentences you don't know into this list:

No.	German	English

[1] to translate – übersetzen

Partner A – Street plan of Newfield

You are at Newfield Station. Ask your partner for the way to:

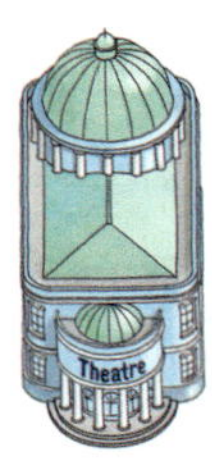

Partner B – Street plan of Newfield

You are at Newfield Station. Ask your partner for the way to:

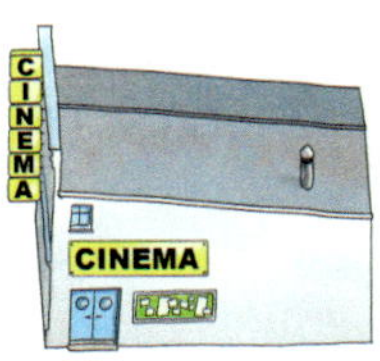

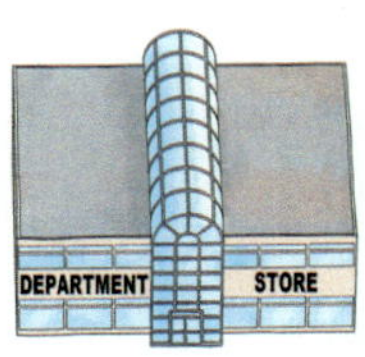

Durchführung der mündlichen Prüfung

Die Prüfung: Getting around (year 6)

	Arbeitsanweisungen an die Prüflinge	Material/Unterlagen der Prüfer
Part 1 – Monologue (beide Schüler hintereinander)	Welcome to our oral exams today. It is an English exam, so we would like you to speak English only – with us and also with your partner. As you know, the exam has got three parts. In part 1, I would like you to talk about London sights in a 1-minute presentation. So when you're ready, you can start.	• Bewertungskriterien (S. 109) • Punkteskala (S. 12) • Evaluation Sheet, Part 1 (S. 113)
Part 2 – Dialogue	Thank you very much! In the second part, I would like you to talk about your class trip to England. Please draw a card and make a question out of the words on the card. Your partner will then answer the question and you can start a conversation: you can ask back, you can talk about your own ideas, you can show interest … So please start now.	• Bewertungskriterien (S. 109) • Punkteskala (S. 12) • 16 (laminierte) Karten (Worksheet 7), auf denen die Versatzstücke der Fragen notiert sind. Die Karten liegen verdeckt auf dem Tisch. • Evaluation Sheet, Part 2 (S. 114)
Part 3 – Dialogue	OK, let's go over to our third part now. You will now each get a street plan of Newfield. Partner A will ask for the way to one or two of the places below his/her street plan. Partner B knows where these places are and tells partner A the way. Then swap roles. Be polite and help each other as much as possible.	• Bewertungskriterien (S. 109) • Punkteskala (S. 12) • Evaluation Sheet, Part 3 (S. 115) • (laminierte) Stadtpläne (Worksheets 14 und 15) für Partner A und B – die Partner dürfen sich ihre Pläne nicht gegenseitig zeigen.

Die Prüflinge dürfen sich zu keinem der Prüfungsteile Notizen mitbringen.

Bewertungskriterien – Oral exam I: Getting around (year 6)

Punkte	Aussprache/Intonation	Wortschatz[1] und Strukturen (Korrektheit und Spektrum) (zählt doppelt)	Kommunikative Wirksamkeit, Nutzung von Strategien und Interaktion (zählt doppelt)	Aufgabenerfüllung/ Inhalt
8–7	Kann das bekannte Repertoire von Wörtern und Redewendungen trotz Akzent durchgehend deutlich und klar aussprechen (inkl. lebhafter Vortrag in Prüfungsteil 1). Unterstützt durch lebendige Betonung die kommunikativen Absichten. Beachtet die Besonderheiten der englischen Aussprache (z.B. „th", „v", „w", etc.) ebenso wie des *word stress*.	Weitestgehend korrekter Einsatz bekannter, einfacher lexikalischer und grammatikalischer Strukturen (*simple present*, Fragestellung mit *to be, to do, have got*, Fragen mit den Fragewörtern *what, when, how, who,* Häufigkeitsadverbien, Satzstellung, Subjekt- und Objektpronomen, Anwendung des *simple past* in Aussagen, Fragen und Antworten. Verwendet das gesamte Spektrum des bisher bekannten Wortschatzes sowie der vertrauten Strukturen, inkl. Redemitteln für Vorschläge, Zustimmung, Ablehnung, Einigung.	Äußerungen sind weitestgehend flüssig, zusammenhängend, geschickte und spontane Kommunikation. **Teil 1:** Handelt aus, wer beginnt, gute Präsentation durch Weiterverfolgung der Gedankenstränge und Aufgreifen von Ideen. Nutzung von *gap fillers* bei Pausen. Gibt Struktur der Präsentation vor. **Teil 2:** Partner hört aktiv zu, äußert Interesse, fragt nach, gibt Fragen zurück, hält Gespräch in Gang, weiß sich bei Pausen mit *gap fillers* zu helfen. Interagiert intensiv mit seinem Partner, handelt aus, wer beginnt, weitermacht, etc. Nutzt Gestik und Mimik. **Teil 3:** Wendet wann immer möglich unterstützende Strategien zur Wegbeschreibung an, indem er/sie die gesuchten Gebäude zu anderen ins Verhältnis setzt (neben, zwischen etc.). Benutzt in beiden Rollen Höflichkeitsfloskeln. Nutzt Gestik und Mimik.	**Teil 1:** Redet eine Minute oder länger über ein oder zwei Sehenswürdigkeiten in London und deckt mehrere Teilbereiche ab. Erfüllt die gestellte Aufgabe in vollem Umfang. **Teil 2:** Formuliert die Fragen und Antworten durchgehend präzise, agiert und reagiert durchgehend sinnvoll. **Teil 3:** Macht die richtigen Angaben in der Rolle als Ortskundiger und kann in der Rolle des Fragender den richtigen Weg aus den Angaben seines Partners problemlos finden. Erkennt und gibt Orientierungshilfen.

[1] s. S. 112

Punkte	Aussprache/Intonation	Wortschatz und Strukturen (Korrektheit und Spektrum) (zählt doppelt)	Kommunikative Wirksamkeit, Nutzung von Strategien und Interaktion (zählt doppelt)	Aufgabenerfüllung/ Inhalt
6–5	Kann das bekannte Repertoire von Wörtern und Redewendungen trotz erkennbarem Akzent überwiegend deutlich und klar aussprechen (inkl. lebhafter Vortrag in Prüfungsteil 1). Unterstützt meist durch Betonung die kommunikativen Absichten. Beachtet überwiegend die Besonderheiten der englischen Aussprache (z.B. „th", „v", „w", etc.) und des *word stress.*	Verwendet einige grammatikalische Strukturen und Teile des bekannten Wortschatzes (s.o.) meist korrekt.	**Teil 1:** Meist sinnvolle und zusammenhängende Beiträge, gelegentliche Nutzung von *gap fillers* bei Pausen. **Teil 2:** Interagiert in den meisten Fällen mit seinem Partner, hört teilweise aktiv zu, hält Gespräch teilweise in Gang, nutzt teilweise *gap fillers*, Gestik und Mimik. **Teil 3:** Nutzt teilweise unterstützende Strategien, indem er/sie die gesuchten Gebäude zu anderen ins Verhältnis setzt (s.o.), nutzt einige Höflichkeitsfloskeln. Nutzt teilweise Gestik und Mimik.	**Teil 1:** Redet ca. 1 Minute oder geringfügig kürzer, deckt einige Teilbereiche ab. Erfüllt die gestellten Aufgaben bzw. die Rollen in angemessenem Umfang. **Teil 2:** Formuliert Fragen und Antworten überwiegend präzise, agiert und reagiert überwiegend sinnvoll. **Teil 3:** Kann bei richtigen Angaben seines Partners den Weg nach anfänglichen Schwierigkeiten finden. Kann Teile des Weges fehlerfrei beschreiben und erkennt und benutzt einige Orientierungshilfen.
4–3	Insgesamt noch deutliche Aussprache und Intonation, teilweise störende Mängel. Wenig Betonung. Einige Fehler bei den Besonderheiten der englischen Aussprache (s.o.)	Macht bei Wortschatz und Strukturen (s.o.) teilweise gravierende Fehler, die das Verständnis beeinträchtigen. Verwendet nur wenig der bekannten Lexik und nur wenige Strukturen. Einige muttersprachliche/deutsche Einstreuungen.	**Teil 1:** Beiträge sind teilweise stockend und nicht immer sinnvoll, verwendet kaum *gap fillers* in Pausen. Einige Wiederholungen. **Teil 2:** Beansprucht die Geduld des Partners. Interagiert eingeschränkt mit dem Partner, macht längere Pausen ohne *gap fillers*. Hört kaum aktiv zu, hält Gespräch kaum in Gang. Nutzt kaum Gestik und Mimik. **Teil 3:** Nutzt wenig unterstützende Strategien (s.o.), teilweise Höflichkeitsfloskeln. Nutzt kaum Gestik und Mimik.	**Teil 1:** Redet deutlich unter einer Minute. Erfüllt die gestellten Aufgaben nur teilweise. **Teil 2:** Formuliert Fragen und Antworten teilweise präzise, Aktion und Reaktion teilweise sinnvoll. **Teil 3:** Kann trotz richtiger Angaben seines Partners den Weg nur mit Schwierigkeiten finden. Macht teilweise gravierende Fehler bei der eigenen Wegbeschreibung.

Punkte	Aussprache/Intonation	Wortschatz und Strukturen (Korrektheit und Spektrum) (zählt doppelt)	Kommunikative Wirksamkeit, Nutzung von Strategien und Interaktion (zählt doppelt)	Aufgabenerfüllung/ Inhalt
2–1	Häufige Mängel, erhebliche Beeinträchtigung des Verständnisses durch fehlerhafte Intonation und Aussprache.	Überwiegend fehlerhafter Einsatz von Lexik und Strukturen, die das Verständnis sehr stark beeinträchtigten. Sehr elementares Repertoire an Lexik und Strukturen. Zahlreiche muttersprachliche/ deutsche Einstreuungen.	**Teil 1:** Beiträge sind sehr stockend und kaum sinnvoll, lange Pausen ohne *gap fillers*. Einige Wiederholungen. **Teil 2:** Pausen strengen den Partner an. Interagiert kaum, dadurch sehr eingeschränkte und zähe Kommunikation. Nutzt keine Gestik und Mimik. **Teil 3:** Nutzt kaum unterstützende Strategien (s.o.), kaum Höflichkeitsfloskeln. Nutzt keine Gestik und Mimik.	**Teil 1:** Präsentation nur in Ansätzen gehalten bzw. abgebrochen. **Teil 2:** Fragen und Antworten nur ansatzweise präzise, Aktion und Reaktion häufig nicht sinnvoll, Gespräch sehr kurz bzw. abgebrochen. **Teil 3:** Ist zu unpräzise in seinen Äußerungen und kann den Angaben des Partners kaum folgen.
0	Unverständlich.	Völlig unzureichend und inadäquat.	Beiträge unbrauchbar, keine Kommunikation möglich, keine Interaktion.	Erfüllt die Aufgaben nicht.

Anlage: Eingeführter Wortschatz als Grundlage für die Prüfung (Erwartungshorizont):

Präsentation	I would like to introduce myself/talk about ... I am going to talk about ... and ... That's all about ...	Over to you./It's your turn. Have you got any questions?
Vocabulary/Strukturen (beispielhaft)	prison, prisoner execution, executed fortress museum palace, castle treasure chamber	jewels weapons moat century It was built in .../by ... It is used as
Bekannte Lexik zur Kommunikation und Interaktion (Interesse zeigen, nachfragen, Rückfragen stellen, Zeit gewinnen, siehe auch Worksheets A/B)	Who starts? OK, then I'll start. How do you say ... in English? What's the English word for ...? I see. Wow! Oh, really? That's cool/super/interesting. Me, too. How about you?	And you? I also like ... Sorry, I didn't catch that. Can you say that again, please? It's your turn (to take a card). This card is too difficult. OK, I've got that. Let me think ... Wait a sec ... Thank you very much/You're welcome.
Asking for and describing the way	**Als Fremder** Excuse me, please, can you help me? How can I get to the castle? What was the name of the street again? OK, I've got that now. Thank you very much.	**Als Ortskundiger** You pass the cinema. Go straight on. Go along xy Street. Cross the bridge. Turn left into xy Street. On your left you can see the shoe shop. Turn right into xy Road. Carry on along xy Street. You're welcome. Let me think ... The park is on the right. The church is opposite the hotel. The hospital is between the school and the hotel. The bus stop is next to the theatre.

Evaluation Sheet – Oral exam I: Getting around (year 6)

Part 1 – Talk about one of the London sights

Zweitprüfer

Name Schüler 1: ______________________________

										Punkte	
Aussprache und Intonation	8	7	6	5	4	3	2	1	0		
Wortschatz und Strukturen (Korrektheit und Spektrum)	8	7	6	5	4	3	2	1	0		2-fach
Kommunikative Wirksamkeit und Nutzung von Strategien, Interaktion	8	7	6	5	4	3	2	1	0		2-fach
Aufgabenerfüllung und Inhalt	8	7	6	5	4	3	2	1	0		
								Total			

Name Schüler 2: ______________________________

										Punkte	
Aussprache und Intonation	8	7	6	5	4	3	2	1	0		
Wortschatz und Strukturen (Korrektheit und Spektrum)	8	7	6	5	4	3	2	1	0		2-fach
Kommunikative Wirksamkeit und Nutzung von Strategien, Interaktion	8	7	6	5	4	3	2	1	0		2-fach
Aufgabenerfüllung und Inhalt	8	7	6	5	4	3	2	1	0		
								Total			

✂- -

Erstprüfer

Name Schüler 1:	Name Schüler 2:
allg. Eindruck:	allg. Eindruck:

Schüler 1		Schüler 2	
Note Erstprüfer		Note Erstprüfer	
Note Zweitprüfer		Note Zweitprüfer	
Gesamtnote Teil 1		**Gesamtnote Teil 1**	

Part 2 – My trip to England

Zweitprüfer

Name Schüler 1: ______________________

										Punkte	
Aussprache und Intonation	8	7	6	5	4	3	2	1	0		
Wortschatz und Strukturen (Korrektheit und Spektrum)	8	7	6	5	4	3	2	1	0		**2-fach**
Kommunikative Wirksamkeit und Nutzung von Strategien, Interaktion	8	7	6	5	4	3	2	1	0		**2-fach**
Aufgabenerfüllung und Inhalt	8	7	6	5	4	3	2	1	0		
								Total			

Name Schüler 2: ______________________

										Punkte	
Aussprache und Intonation	8	7	6	5	4	3	2	1	0		
Wortschatz und Strukturen (Korrektheit und Spektrum)	8	7	6	5	4	3	2	1	0		**2-fach**
Kommunikative Wirksamkeit und Nutzung von Strategien, Interaktion	8	7	6	5	4	3	2	1	0		**2-fach**
Aufgabenerfüllung und Inhalt	8	7	6	5	4	3	2	1	0		
								Total			

Erstprüfer

Name Schüler 1:	**Name Schüler 2:**
allg. Eindruck:	**allg. Eindruck:**

Schüler 1		**Schüler 2**	
Note Erstprüfer		Note Erstprüfer	
Note Zweitprüfer		Note Zweitprüfer	
Gesamtnote Teil 2		**Gesamtnote Teil 2**	

Part 3 – Asking for the way

Zweitprüfer

Name Schüler 1: ____________________

										Punkte	
Aussprache und Intonation	8	7	6	5	4	3	2	1	0		
Wortschatz und Strukturen (Korrektheit und Spektrum)	8	7	6	5	4	3	2	1	0		**2-fach**
Kommunikative Wirksamkeit und Nutzung von Strategien, Interaktion	8	7	6	5	4	3	2	1	0		**2-fach**
Aufgabenerfüllung und Inhalt	8	7	6	5	4	3	2	1	0		
								Total			

Name Schüler 2: ____________________

										Punkte	
Aussprache und Intonation	8	7	6	5	4	3	2	1	0		
Wortschatz und Strukturen (Korrektheit und Spektrum)	8	7	6	5	4	3	2	1	0		**2-fach**
Kommunikative Wirksamkeit und Nutzung von Strategien, Interaktion	8	7	6	5	4	3	2	1	0		**2-fach**
Aufgabenerfüllung und Inhalt	8	7	6	5	4	3	2	1	0		
								Total			

Erstprüfer

Name Schüler 1:	**Name Schüler 2:**
allg. Eindruck:	**allg. Eindruck:**

Schüler 1		**Schüler 2**	
Note Erstprüfer		Note Erstprüfer	
Note Zweitprüfer		Note Zweitprüfer	
Gesamtnote Teil 3		**Gesamtnote Teil 3**	
Gesamtnote Teil 1 – 3		Gesamtnote Teil 1 – 3	

Rückmeldebogen für Schüler und Eltern

zur mündlichen Prüfung „Getting around" in Klasse 6 ______ vom __________ 20 ______

Name der Schülerin/des Schülers ______________________________

Part 1 – Talk about one of the London sights

Ich kann ...	++	+	o	–	– –
meine Gedanken geordnet vortragen.					
zu Beginn meiner Präsentation eine Struktur geben.					
ohne störende Pause lebendig vortragen.					
Gesprächsstrategien anwenden (aushandeln, Zeit gewinnen, um Hilfe bitten, nachfragen ...).					
eine Minute lang reden.					
nahezu akzentfrei Englisch sprechen.					
den bekannten Wortschatz richtig anwenden.					
die bekannte Grammatik richtig anwenden.					
wichtige von unwichtigen Informationen unterscheiden.					

Part 2 – My trip to England

Ich kann ...	++	+	o	–	– –
Fragen ausformulieren und Antworten geben.					
Gesprächsstrategien anwenden (aushandeln, Zeit gewinnen, um Hilfe bitten, nachfragen ...).					
das Gespräch in Gang halten.					
aktiv zuhören, Interesse zeigen.					
nahezu akzentfrei Englisch sprechen.					
den bekannten Wortschatz richtig anwenden.					
die bekannte Grammatik (simple past) richtig anwenden.					

Part 3 – Asking for the way

Ich kann ...	++	+	o	–	– –
als Ortsfremder höflich um Hilfe bitten, nach dem Weg fragen und mich am Ende bedanken und verabschieden.					
als Ortsfremder aus den Erklärungen des Partners den Weg nachvollziehen und ans Ziel gelangen.					
als Ortskundiger höflich reagieren und mich höflich verabschieden.					
als Ortskundiger den bekannten Wortschatz zur Wegbeschreibung mit vielen Hinweisen auf Gebäude, Straßennamen etc. einsetzen.					
als Ortskundiger die Grammatik zur Wegbeschreibung (Präpositionen, etc.) richtig anwenden.					
nahezu akzentfrei Englisch sprechen.					

Your mark: ______________________ Parents' signature: ______________________

Oral exam II: Food (year 6)

Vorbereitung der mündlichen Prüfung

WS 1: Food mind map
WS 2: 1-minute presentation – Food
WS 3: Yummy or yuck?
WS 4: My food presentation

WS 5: Food cards
WS 6: Healthy or unhealthy?
WS 7: Talking about food
WS 8: My perfect lunch box

WS 9: Riverside Snack Bar (menu)
WS 10: Pancake Paradise (menu)
WS 11: Restaurant talk I
WS 12: Restaurant talk II
WS 13: Are we ready to order, then?

Durchführung der mündlichen Prüfung

Part 1 – Monologue
Talk about food
(1-minute presentation)

Part 2 – Dialogue
My perfect lunch box
(food cards)

Part 3 – Dialogue
Restaurant talk
(menus)

Durchführung der Reihe/Vorbereitung :	je nach Lerngruppe ca. 16 Stunden à 45 Minuten
Prüfungsform:	Schülerpaare. Die Paare sollen bereits zu Beginn der Vorbereitung feststehen, sodass die Lernenden während der gesamten Übungsphase mit ihrem Prüfungspartner zusammenarbeiten und sich auf ihn einstellen können.
Dauer der Prüfung:	ca. 12 Minuten pro Paar plus ca. 12 Minuten Nachbesprechung und Bewertung direkt im Anschluss.
Allgemeine Hinweise:	Den Schülerinnen und Schülern sollte das gesamte Prüfungsmaterial bereits aus der Vorbereitungsphase bekannt sein. Die unbekannte Prüfungssituation ist sehr aufregend und es ergeben sich vor allem in den Teilen 2 und 3 genügend spontane und unvorhergesehene Frage-Antwort-Konstellationen. Die Prüflinge dürfen keine schriftlichen Notizen mit in die Prüfung bringen.

Vorbereitung der mündlichen Prüfung

Erläuterungen zur Unterrichtsreihe und zu den Worksheets

Part 1 – Monologue: Talk about food (1-minute presentation)

Die Vorbereitung des ersten Prüfungsteils sollte mit diesem monologischen Teil beginnen, weil die Schülerinnen und Schüler ihn gut zu Hause vorbereiten, überarbeiten und auswendig lernen können. Für die Prüfung selber empfinden die Lernenden es als beruhigend, wenn sie mit einem gut vorbereiteten Teil beginnen können. Das Thema *food* interessiert die Lerner in der Regel und es gibt ihnen die Möglichkeit, über Dinge zu reden, die sie mögen oder nicht, und bietet darüber hinaus Gelegenheit, über Essensgewohnheiten in der Familie und bei besonderen Anlässen ebenso wie über die eigenen Kocherfahrungen zu erzählen. Da in dieser Prüfung viel Wortschatz eingeführt wird, der über das Angebot in den Lehrwerken hinausgeht, sollte die Aussprache gut mittels Chorsprechen eingeschliffen werden.

Worksheet 1: Food mind map

Dieses Worksheet enthält viele neue Begriffe aus dem Themenbereich *food*, die die Schülerinnen und Schüler in acht Kategorien einsortieren sollen. Die Kategorien sollten den Lernern jedoch vorher erklärt werden und notfalls jeweils mit einem Beispiel aus der Vokabelsammlung in der Box am unteren Ende des Worksheets versehen werden. Dabei sollten die Lerner ermutigt werden, nach dem Ausschlussprinzip vorzugehen. Die Begriffe in der Box stehen (ausgenommen die nicht zählbaren Dinge) alle im Plural, sodass direkt in ganzen Sätzen weitergearbeitet werden kann: Strawberries are fruit, mussels are seafood, etc ...).

Worksheet 2: 1-minute presentation – Food

Dieses Worksheet soll die Schülerinnen und Schüler mit den grundlegenden Regeln einer Präsentation vertraut machen, es bietet allgemeine Tipps und enthält gleichzeitig viel *language support* für jeden Teil ihres Vortrags. Da viele Schülerinnen und Schüler Schwierigkeiten mit dem Vortragen vor der gesamten Lerngruppe haben, sollte die Lehrkraft besonders auf die Tipps in der Box *This makes a presentation better* hinweisen, ebenso wie auf die Struktur einer Präsentation. Die Redemittel sollten im Plenum zunächst geklärt werden, damit die Lerner sie für sich nutzen und ausbauen können.

Worksheet 3: Yummy or yuck?

Die fiktive Person Tina hat sich Gedanken über ihre Essensvorlieben bzw. –abneigungen gemacht und diese in eine Tabelle eingetragen. Der Wortschatz aus der Mindmap (Worksheet 1) wird hier um Redemittel zum Ausdrücken von Vorlieben und Abneigungen erweitert. Tina schreibt aus ihren Stichworten eine Präsentation, die den Lernern als Vorlage für ihren eigenen Vortrag dient. Sie sollen an diesem Beispiel erkennen, dass es unter anderem auch darauf ankommt, seine Ideen zu bündeln, d.h. jedes Teilthema der Präsentation erschöpfend vorzutragen, bevor das nächste begonnen wird. Auf der zweiten Seite dieses Worksheets sollen sie die bereits bekannte Tabelle mit ihren eigenen Vorlieben und Abneigungen ausfüllen.

Worksheet 4: My food presentation

Hier sollen die Lerner aus den zuvor notierten Informationen eine Präsentation entwickeln. Auf die weißen Linien soll die eigene Präsentation geschrieben werden – die grauen Linien sind für spätere Korrekturen und Ergänzungen gedacht. Ggf. benötigen die Schülerinnen und Schüler eine weitere Kopie dieses Worksheets.

Der eigene Vortrag kann als Hausaufgabe vorbereitet und später in Partnerarbeit unter verschiedenen Aspekten korrigiert und ergänzt werden. Vor der Präsentation im Plenum erfolgt noch ein weiterer Zwischenschritt: Die Lernenden werden in Dreiergruppen eingeteilt und tragen sich ihre Präsentationen vor. Die Aufgabe der Zuhörer ist es, die Zeit zu stoppen und mit dem Worksheet E *Feedback for presentations* Feedback zu geben. Die Erfahrung zeigt, dass viele Lernende weniger als eine Minute reden.

Worksheet D: How to give feedback (S. 155)

Bevor die Lerner sich tatsächlich eine Rückmeldung zu den Präsentationen geben, sollten sie trainieren, wie eine solche Rückmeldung in der Zielsprache formuliert werden kann. Erläuterungen dazu finden Sie auf S. 150.

Worksheet E: Feedback for presentations (S. 156)

Die eigentliche Rückmeldung zu den Präsentationen sollte nun in Dreiergruppen anhand dieser *feedback sheets* stattfinden, und später auch im Plenum. Im Laufe der Prüfungsvorbereitung sollte die Lehrkraft immer wieder 2 – 3 Lernern die Gelegenheit geben zu präsentieren, damit die Qualität stetig verbessert werden kann.

Part 2 – Dialogue: My perfect lunch box (food cards)

In diesem Prüfungsteil erweitern die Lernenden ihren Wortschatz zum Thema Essen und Trinken und machen sich Gedanken über gesunde und ungesunde Lebensmittel. Diese Thematik wird durch das Packen einer *lunch box* greifbar: Die Schülerinnen und Schüler wählen aus einem Angebot von *food cards* die Lebensmittel aus, die sie gern als Pausensnack essen bzw. trinken würden. Sie übernehmen dabei abwechselnd die Rolle eines *health expert*, der die Auswahl des Partners/der Partnerin begutachtet und unter den Gesichtspunkten gesunder Ernährung berät. Um dies bewerkstelligen zu können, haben die Lernenden die zur Auswahl stehenden Lebensmittel zuvor in *healthy* und *unhealthy* eingeteilt und sich Gründe für diese Einteilung überlegt.

Worksheet 5: Food cards

Die 20 farbigen Abbildungen zeigen ein Spektrum der Lebensmittel, die Jugendliche gern oder ungern essen und zum Teil auch als Pausenbrot mit in die Schule nehmen. Die Lehrkraft sollte sicherstellen, dass die Lerner alle Lebensmittel sicher benennen können. Die Begriffe finden sich zur Sicherheit auf dem unteren Abschnitt von Worksheet 6. Die Auswahl ist selbstverständlich nicht erschöpfend. Zur Sammlung weiterer *food items* kann auch eine Umfrage in der Lerngruppe durchgeführt werden, deren Ergebnisse als zusätzliche *food cards* aufgenommen werden.

Worksheet 6: Healthy or unhealthy?

Dieses Worksheet, gemeinsam mit Worksheet 5, soll die Lernenden dazu anregen, über gesunde und ungesunde Lebensmittel nachzudenken. Zunächst muss der untere Bereich des Arbeitsblattes gefaltet werden. Dort finden sich Vokabelhilfen zu den Bildern auf Worksheet 5, wobei die Reihenfolge der Bilder beibehalten wurde. Dieser Abschnitt dient den Lernern als Hilfe, falls sie Bilder nicht benennen können. Die Lebensmittel auf Worksheet 5 sollen nun in die Kategorien *healthy* bzw. *unhealthy* eingeordnet werden. Soweit dies möglich ist, sollen die Lerner ihre Entscheidung mit den Redemitteln oben auf Worksheet 6 (*too much sugar, not enough vitamins*, etc.) begründen und diese Gründe rechts in die Tabelle eintragen. Die allgemeineren Redewendungen ... *is good/bad for you* können ebenfalls herangezogen werden.

Worksheet 7: Talking about food

Hier sollen sich die Partner nun über ihre gewonnen Erkenntnisse über gesunde und ungesunde Lebensmittel austauschen. Dabei sollen sie der Meinung ihres Partners zustimmen oder sie ablehnen, einen Grund für die Entscheidung nennen und ihre Ausführungen noch ergänzen, indem sie z. B. sagen, dass sie einige Lebensmittel mögen, obwohl sie ungesund sind, bzw. gesunde Lebensmittel aus bestimmten Gründen nicht gern essen. Die Farben dienen als Orientierungshilfe und unterstützen schwächere Lerner beim Finden der richtigen Reihenfolge. Stärkere Lerner können ihre Dialoge freier formulieren.

Worksheet 8: My perfect lunch box

Nun sollen die Lerner – wie auch in Teil 2 der Prüfung – den Inhalt ihrer *lunch box* aus den Bildern auf Worksheet 5 zusammenstellen und ihrem Partner ihre Wahl vorstellen. Dazu finden sich Redemittel auf diesem Worksheet. Der Partner übernimmt die Rolle des *health expert*, begutachtet die Auswahl seines Partners und kommentiert dessen Wahl. Dazu bietet dieses Worksheet zahlreiche Redemittel für unterschiedlichste Anmerkungen und Ratschläge, die sich in einem solchen Gespräch ergeben können.

Talk to me!

Worksheet F: Feedback for dialogues (S. 157)
An dieser Stelle sollte das *Feedback for dialogues* (siehe Erklärung dazu S. 151) eingesetzt werden, um die Qualität der Dialoge anhand bestimmter, schülergerecht formulierter Kriterien zurückzumelden.

Part 3 – Dialogue: Restaurant talk (menus)

Im letzten Teil der Prüfung sollen die Lerner ein Gespräch in einem Restaurant oder einer Snack Bar führen. Die Wortschatz-Grundlage der beiden vorhergehenden Prüfungsteile wird hier nochmals erweitert. Die Lerner haben eine Speisekarte vor sich liegen, können ihr wichtige Informationen entnehmen und setzen zahlreiche Gesprächsabsichten um, die sich aus dieser Situation ergeben: Sie überlegen gemeinsam, was sie essen und trinken möchten, ob sie genug Geld dabeihaben, wie viel Hunger sie haben, ob es etwas Süßes oder eher etwas Herzhaftes sein soll. Wenn sie sich schließlich entschieden haben, rufen sie den Kellner oder die Kellnerin (diese Rolle übernimmt der Erstprüfer/die Erstprüferin) und bestellen ihr Essen. Diese Rolle bietet dem Prüfer die Möglichkeit, den Prüflingen unauffällig Unterstützung anzubieten oder auch stärkere Lerner besonders zu fordern, z. B. mit Bemerkungen wie: *Sorry, we've run out of ..., can I get you something else?*

Worksheet 9: Riverside Snack Bar (menu)/Worksheet 10: Pancake Paradise (menu)

Diese beiden Speisekarten greifen den in Teil 1 eingeführten Wortschatz auf und erweitern ihn um weitere, gängige Speisen, die man in Restaurants bestellen kann. Einige Begriffe sind in den Fußnoten auf jeder Speisekarte erklärt, ansonsten sollte Worksheet 1 als Hilfe dazugenommen werden. Da die Lernenden die Begriffe auf den Speisekarten zur Vorbereitung des letzten Prüfungsteils immer wieder benutzen werden, sollte auch hier die Intonation durch Chorsprechen eingeschliffen werden.

Worksheet 11: Restaurant talk I

Nun sollen die Lernenden ihr Leseverstehen der beiden Speisekarten überprüfen, indem sie auf Fragen reagieren, die sie sich durchaus in einem Restaurant stellen könnten: Welcher Sandwich ist für Vegetarier geeignet? Wie finde ich heraus, was sich hinter der Tagessuppe verbirgt? Ich mag Fisch – was kann ich bestellen? etc. Die Beispiele auf Worksheet 11 können von der Lehrkraft oder auch von lernstarken Schülerinnen und Schülern noch ergänzt werden und als Quiz in der Klasse bearbeitet werden.

Worksheet 12: Restaurant talk II

Dieses Worksheet führt eine Auswahl an Redemitteln ein, die zwei Lerner brauchen, wenn sie gemeinsam ein Restaurant besuchen und sich vor der Bestellung über das Angebot, über ihre Vorlieben, über Geldfragen etc. austauschen. Auf der ersten Seite werden alle Redemittel zunächst vorgestellt, während die Schülerinnen und Schüler auf der zweiten Seite überlegen, welchen Satz bzw. welche Frage sie für welchen Redeanlass brauchen. Für den Erfolg des dritten Prüfungsteils ist es wichtig, dass diese Sätze gelernt werden, damit die Prüflinge aus einem möglichst großen Reservoir an Redemitteln schöpfen können.

Worksheet 13: Are we ready to order, then?

Worksheet 13 enthält die Aufgabe, mit der die Schülerinnen und Schüler auch in der Prüfung konfrontiert werden. Sie sollen nun aus beiden Speisekarten und mithilfe des Worksheets 12 Dialoge entwickeln und am Ende ihres Gesprächs eine Bestellung aufgeben. In der Prüfung übernimmt der Erstprüfer die Rolle des Kellners (Erklärung s.o.) und auch in der vorbereitenden Phase sollte die Bestellung immer wieder mit eingebaut werden. Das Worksheet enthält Redemittel, die für diesen Teil notwendig sind. Die Lerner sollten nun, am Ende dieser Sequenz, noch genügend Zeit erhalten, ihre Dialoge zu üben. In der Prüfung wird ihnen dann eine der beiden bekannten Speisekarten vorgelegt werden.

Food mind map

This is a mind map about food. You can see that there are eight different kinds of food. Try to match the food words from the big box at the bottom with the correct grey box.

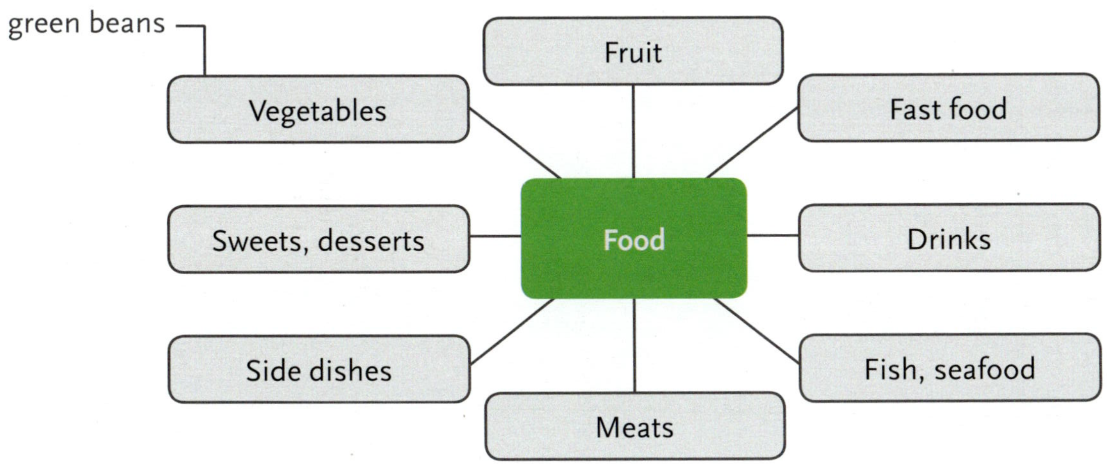

~~green beans~~, peaches, chips, coffee, lemonade, chicken, rice, pears, hot chocolate, salmon[1], ice cream, apple pancakes, red/green peppers, strawberries, wraps, mussels, coke, tuna fish, blackberry yogurt, oranges, turkey, spinach, chocolate bars, milkshakes, hot dogs, prawns, melons, lamb, pasta, mushrooms, spaghetti with tomato sauce, beef, tea, cheeseburgers, cherries, pizza, vanilla custard[2], carrots, pork, potatoes, mincemeat, lemons, apple juice, sausages

[1] salmon – Lachs
[2] custard – Pudding

1-minute presentation – Food

This makes a presentation better:

- Look at your group and keep eye contact.
- Stand on both feet and relax.
- Say what your presentation is about before you start.
- Speak freely (without reading) and use key words.
- Thank your listeners at the end.

You can use these phrases:

Beginning:	I am going to talk about food.
Structure:	First, I am going to tell you about my favourite dishes/... Then/After that, I will talk about the food I don't like/... Finally/At the end, I'll tell you about food we cook on special days like Christmas/...
Main part:	• My favourite dish is ... • I like Italian, French, German, Chinese ... food such as ... • I like/love pasta, meat, fish dishes, for example ... • I am a vegetarian, so I don't eat meat./I only eat chicken. • I don't like/hate spinach/... because it tastes horrible/awful/disgusting/... • In my family my ... is the one who cooks. • We usually have a warm meal at lunchtime/in the evenings. • I don't like hot/spicy food that much. • I often/... help my dad/... to cook lunch/dinner for my family. • Sometimes I cook my favourite meal for ... • Next weekend/On Saturday/I am going to cook ... for my family/ grandparents/aunt/uncle/friend ... • Every Sunday/Once a month/Every ... I have lunch/dinner together with my family. • As a starter we have .../Our main course is .../As a dessert we often/ always/sometimes have ... • When I want to cook my favourite dish I have to buy some ingredients[1] in the supermarket, like ... • I usually/often/... spend my money on food like sweets, burgers, ... • On special days like birthdays/... I and my family go out for dinner. There I order ... • Sometimes we go out for dinner in my favourite restaurant, which is ... There I eat ... • ... sometimes ... fast food from takeaway restaurants such as ...
End:	That's all about the food I like. Thank you for listening. Over to you./Now, it's your turn. Have you got any questions?

[1] ingredients – Zutaten

Yummy or yuck?

This is Tina.
She has already thought about what she likes or doesn't like and filled in the boxes:

I love/adore ... ♥♥	I like ... ♥	I don't like ...	I hate/can't bear ...
grilled chicken with chips strawberry yogurt Indian food	apple pancakes orange lemonade	coffee spinach lamb boiled eggs	prawns (yuck!!) mussels fried sausages
You can also say that this food/these dishes taste ...			
yummy delicious wonderful fantastic ...	nice, good, OK ...	bitter bad not nice strange too spicy ...	disgusting horrible awful ...

Tina has written a 1-minute presentation about food. She has used the mind map (worksheet 1) and worksheet 2 as well as the grid above. This is her text:

Hi, I am Tina and today I am going to talk about food. First of all, I am going to tell you something about my favourite food and dishes, then I will talk about the things I don't like to eat or even hate, and finally, I will tell you about the dishes I can cook and what we eat in my family.

My favourite food is grilled chicken with chips. I know that chips are not good for you because there is a lot of fat in them, but they taste delicious, I think! I also really like hot[1] food, especially Indian curry dishes. There are always lots of spices[2] in them, and the sauces are yummy! As a dessert, strawberry yogurt is my favourite. Usually, my mum buys strawberry yogurt from the supermarket, but in the summer, she makes yogurt with fresh strawberries and that tastes even better!

I don't like spinach – most children don't – and I never eat boiled eggs, because they don't taste nice. And coffee tastes really bitter, even with sugar, so I don't drink it. I could never eat lamb, because I think lambs are so sweet and soft – how can you eat them? Luckily, my parents don't eat it either, so that's OK! The most terrible food you can imagine are prawns! Yuck! They look horrible, they feel and smell horrible and they taste disgusting.

[1] hot – hier: scharf
[2] spice – Gewürz

Sometimes my mum makes prawns with a cocktail sauce as a starter, but she always prepares something else for me. The other thing I can't bear are fried sausages. I know that most kids love them, but I prefer other things.

Finally, I am going to tell you about the dishes I can cook and what we eat in my family.

I can make fried eggs with bacon, and I can also cook spaghetti with tomato sauce. My mum showed me how to do it, and it's really easy. On Sundays, I sometimes make fried eggs for breakfast as a surprise for my parents, and they really love it. We normally eat a warm meal in the evenings because my parents both work until five o'clock. Sometimes, my dad comes home late, and my brother has football practice on Wednesdays, so we don't always eat together. In the week, we don't eat special things because there is not enough time, but at the weekends, we often cook something nice that we all like. I like having dinner with my family at the weekends, because then we're all together.

That's all I can tell you about food. Thank you for listening!

Now you!

What dishes do you like or dislike? Fill in the grid to prepare your 1-minute presentation. Use the words and phrases from worksheets 1 and 2.

I love/adore ... ♥♥	I like ... ♥	I don't like ... 👎	I hate/can't bear ... 👎👎
You can also say that this food/these dishes taste ...			
yummy delicious wonderful fantastic ...	nice, good, OK ...	bitter bad not nice strange too spicy ...	disgusting horrible awful ...

My food presentation

Look again at worksheets 1, 2 and 3 to write your own food presentation. Use only the white lines for writing. You might need a second sheet. When you have finished, read your text out loud (not too slowly, not too fast!) and time yourself[1]. You must talk for 60 seconds or longer!

In class:

Read your presentation to the other two people in your group. Is it long enough or is it too short? You can use the grey lines to correct words or sentences or to write more about food.

[1] time yourself – stoppe deine Zeit

Food cards

Healthy or unhealthy?

You have already learnt a lot about food. Now, think about healthy and unhealthy food. On worksheet 5 you find some food items, and you must decide which of them are healthy or unhealthy. You could give the following reasons:

I think there is/are ...

- (not) too much sugar in ...
- (not) too much fat in ...
- not enough vitamins in ...
- no fat/sugar in ...
- lots of vitamins in ...
- too much salt in ...

If you don't know why something is healthy or unhealthy, you can say:

- ... is/are good for you.
- ... is/are bad for you.

Fold back the word list at the bottom part of this page. Then write the pictures as **words** into the grid. If you don't know a word, you can look in the word list, but ask your partner first.

healthy	unhealthy	why?
	crisps	*too much fat, too much salt*

fold here

yogurt, chocolate bars, burgers, carrots, winegums, oranges, crisps, cheese sandwiches, lemonade, chips with ketchup, pizza, cereal with fruit, white bread, milk, apples, chocolate chip cookies, tomatoes, mineral water, muffins, brown bread

Talking about food

Now take your list of healthy and unhealthy food (worksheet 6) and find a partner. Talk about your ideas and speak English! You can also say if you like the food on your list or not!

Look at this example. Your partner's ideas could be:

	healthy	unhealthy	why?
Partner A		crisps	too much fat, too much salt
	oranges		lots of vitamins, no fat
	…	…	…

Do you think the same as your partner? Do you have other ideas?
These phrases can help you if you **think the same:**

Partner B	• Yes, I agree, • Yes, I've got the same, • I think so, too, • You're right,	• … is/are (not) good for you. • you shouldn't eat too much/many … • you shouldn't eat … too often. • you should eat food with more vitamins/less salt/…	**But …** • they are/it is really tasty! • I hate it/them! • … is/are so yummy! • I can't eat … Yuck! • I'm allergic to …

These phrases can help you if you **have got other ideas:**

Partner B	• No, I disagree (with you). • I've got something else. • I don't think so. • I don't think that's/you're right. • But I think there are lots of vitamins in …	I think it's (not) OK to eat … once or twice a week. There isn't/is too much fat/too much salt/… in … There are/aren't many vitamins in …

Example dialogue:

Partner A	I think there is too much salt and too much fat in crisps.
Partner B	Yes, I think so, too, you shouldn't eat crisps too often.
	But they are so yummy!

or:

Partner A	I think there is too much salt and too much fat in crisps.
Partner B	I don't think so.
	I think it's OK to eat crisps once or twice a week.

Now you!

Take your grid from worksheet 6 and the phrases from this worksheet and write down a few dialogues. Start like this: *I think there is/are ...* **<u>or</u>** *... is/are good for you/bad for you.*

Dialogue 1:

Partner A	
Partner B	

or:

Partner A	
Partner B	

Dialogue 2:

Partner A	
Partner B	

or:

Partner A	
Partner B	

Or you can use these lines for your own dialogues:

My perfect lunch box

Partner A

Imagine you could put some of the food on worksheet 5 into your lunch box. What would you choose and why? You can choose as many things as you like. Take your favourite food and then tell your partner why you have chosen those things. Ask him/her for advice[1]. You can use the sentences in the boxes on worksheet 7, and the sentences in this box can also help you:

- This is what I would put in my lunch box.
- I chose ... because it is/they are yummy/...
- I put ... in my lunch box because it has/they have lots of vitamins/...
- I really love/adore ..., so I put it/them in my lunch box.
- What do you think about this food/about my choice[2]?
- So this is my perfect lunch box. What do you say?

Your partner is the health expert[3] and will tell you if you have made a good choice.

When your partner has given you his advice, don't forget to say thank you! **Can you agree with him/her? Do you disagree? Give reasons! Use the phrases on worksheet 7. Then swap roles! Now your partner packs his/her lunch box and you are the health expert!**

[1] to give s.o. advice/to ask s.o. for advice – jemandem etwas raten/jemanden um Rat fragen
[2] choice – Wahl, Auswahl
[3] health expert – Gesundheitsexperte

Partner B

You are the health expert! These sentences can help you to give your partner advice:

- Hmm ... let me see what you've got in your lunch box.
- You shouldn't eat too much/too many ... because they have too much fat/salt.
- There aren't any vitamins in ...
- You should eat ... because they have got a lot of vitamins.
- There isn't enough food in your lunch box. You will be hungry at school!
- There is (far) too much in your lunch box. You can't eat all that!
- ... is/are not very filling[4]. You should also eat ...
- ... is/are healthy but that's not enough. You can't learn if you don't eat.
- You have forgotten to put a drink into your lunch box.
- It's important to drink enough water!
- Lemonade has got too much sugar. It's better to drink ...!
- It's OK to eat ... once or twice a week, but not more because ...
- Why don't you take the ... instead of[5] the ...? It's/They are a lot healthier!
- ... is/are very unhealthy/not good for you!

- Leave[6] the ... and take the ... instead. It's/They are good for you!
- ... is/are very fattening[7]!
- You'll put on weight[8] if you eat too much/many ...!
- The ... is/are good for you, but the ... isn't/aren't!
- All in all, you've made a good choice.

[4] is not very filling – macht nicht satt
[5] instead of – anstatt
[6] to leave – hier: weglassen
[7] sth. is fattening – etwas macht dick
[8] to put on weight – zunehmen

Riverside Snack Bar (menu)

Riverside Snack Bar

Breakfast	
1 boiled egg	60 p
1 bowl of cereal *(choose from the buffet)*	£ 1.20
2 bread rolls with butter, jam and honey	£ 1.35

Drinks	
Hot	
Tea	90 p
Espresso	80 p
Coffee	70 p
Hot chocolate	70 p
Cold	
Milkshake *(strawberry or cherry)*	90 p
Lemonade *(orange or lime)*	80 p
Water *(sparkling or still)*	70 p

Lunch/Dinner

Soup of the day *(ask at the counter)*	£ 1.35
Tomato soup	£ 1.50
Pizza with:	
... tomato and cheese	£ 2.45
... tomato, cheese, tuna and onions	£ 3.00
... tomato, cheese, ham, red and green peppers	£ 3.20
... tomato, cheese, salami and mushrooms	£ 3.35
Pasta with:	
... Bolognese (*mincemeat*[1]) sauce and Parmesan cheese	£ 3.75
... a creamy[2] spinach and salmon sauce	£ 3.95

Sandwiches with:	
... chicken and mayonnaise	£ 2.65
... tuna and onion	£ 2.55
... tomato, egg and cucumber[3]	£ 2.95
... beef and cheese	£ 2.85
... prawns, lettuce[4] and lemon	£ 3.15
Desserts:	
Fruit salad	£ 1.15
Apple pie	£ 1.25
Strawberry pancake	£ 2.55
Vanilla custard	£ 1.75

[1] mincemeat – Hackfleisch
[2] creamy – sahnig, cremig
[3] cucumber – Gurke
[4] lettuce – Kopfsalat

Pancake Paradise (menu)

Pancake Paradise

Breakfast

1 fried egg	95 p
2 slices of toast with butter and jam	£ 1.70
1 bread roll with cheese, ham and butter	£ 1.85

Drinks

Hot drinks:	
Our teas:	
• lemon	80 p
• vanilla	80 p
• peppermint	70 p
Hot milk	85 p
Coffee	95 p
Hot chocolate	95 p
Cold drinks:	
Coke	85 p
Apple juice	80 p
Water *(sparkling or still)*	70 p

Our tasty pancakes

Sweet pancakes, with	
... apple	£ 2.35
... blueberries	£ 2.50
... strawberries and cream	£ 2.75
... apple sauce and sugar	£ 2,85
... apples and blackberries[1]	£ 3.20
... cherries and cream	£ 3.35
Savoury[2] pancakes, with	
... ham and cheese	£ 3.25
... spinach and salmon in a creamy sauce	£ 3.65
... spicy[3] chicken and carrots	£ 3.95
... tomato, broccoli and cheese	£ 3.85

Our salads

choose your salad dressing:
yogurt • Mexican • oil and vinegar

Small mixed salad	£ 1.65
Salad with:	
... lettuce, tomato, tuna, cucumber	£ 3.65
... lettuce, egg, turkey and tomato	£ 3.75
... tomato, cheese and basil[4]	£ 3.25
... red and green peppers, sweet corn[5], tomato, onions	£ 3.55
... lettuce, cucumber and prawns	£ 3.65
Desserts:	
Ice cream	£ 1.15
Lemon cake	£ 1.45
Brownie	£ 1.05

[1] blackberries – Brombeeren
[2] savoury – herzhaft
[3] spicy – würzig
[4] basil – Basilikum
[5] sweet corn – Mais

Restaurant talk I

Look at worksheets 9 and 10 once again.

You are in the **Riverside Snack Bar**	**Write down your answers here:**
1. What can you order if you like cornflakes, muesli, etc. for breakfast?	
2. Which pizza can you order if you like fish?	
3. Which sandwich can you order if you are a vegetarian?	
4. How do you know what the soup of the day is?	
You are at **Pancake Paradise**	**Write down your answers here:**
1. Which pancake can you order if you have only got £ 2.40 ?	
2. Which salad can you eat if you don't like tomatoes?	
3. Which dessert can you order if you don't like cake?	
4. Which pancake can you order if you like fish?	

When you have answered all of the questions, compare with your partner.

Restaurant talk II

On this page, you can find lots of sentences you can say when you are in a snack bar or restaurant with a friend and discuss what you are going to eat.

1	I don't know what to order …
2	What are you going to have?
3	What about a drink?
4	I am really hungry.
5	**A**: This all looks so good … **B**: Yes, it does, doesn't it!
6	I think I fancy a sandwich/a pizza …
7	No, I don't think a soup/a salad is enough.
8	I really can't decide what to have …
9	I am not that hungry. I only want something small …
10	**A**: Don't you like fish/prawns/tomato? **B**: I **do** like fish/prawns/tomato, but today I prefer … **or:** **B**: No, I don't. **A**: **I** like fish/prawns/tomato, so I am going to have/to take …
11	How about you?
12	How about an apple pie?
13	No, I would like something savoury first.
14	I've got a sweet tooth[1]!
15	**A**: Oh dear, that's too expensive/too much! **B**: Yes, it is, isn't it!
16	Look at the prices!
17	I can lend you some money!
18	Are we ready to order, then?

[1] to have a sweet tooth – eine Vorliebe für Süßes haben

Now look at the sentences again and try to find the correct match.

Wie sagst du, ...	Write the correct English sentence here:
dass du zuerst etwas Herzhaftes/ Salziges essen möchtest?	
dass ein Salat/eine Suppe dir nicht reichen/dir nicht genug sind?	
dass alles sehr gut/lecker aussieht?	
dass du dich wirklich nicht entscheiden kannst?	
dass dein Partner sich mal die Preise ansehen soll?	
dass du Süßigkeiten liebst?	
dass du deinem Partner Geld leihen kannst?	
dass du Lust auf ein belegtes Brot hast?	

Wie fragst du, ...	Write the correct English question here:
ob dein Partner keinen Fisch mag?	
wie es mit einem Apfelkuchen wäre?	
ob dein Partner etwas trinken wird?	
ob ihr dann jetzt bestellen könnt?	

Now look at sentences no. 5 and 15:	Can you say them in German?
A: This all looks so good ... **B**: Yes, it does, doesn't it!	__________ __________
A: Oh dear, that's too expensive! **B**: Yes, it is, isn't it!	__________ __________

Are we ready to order, then?

1. Look at the menu "Riverside Snack Bar" (worksheet 9). You are sitting in this snack bar together with your partner and are talking about what you would like to eat and drink. There are many things on the menu, so it's not easy to choose ...

   Have a conversation together with your partner. Each of you should say or ask at least 5 things. When your partner asks you a question, answer him/her. You can also tell your partner what food you love and what you hate!

   The sentences on worksheet 12 will help you.

   Don't forget the last sentence of your dialogue: "Are we ready to order, then?"

2. When you have finished, do the same with the menu "Pancake Paradise" (worksheet 10).

3. At the end of both dialogues, like in a real restaurant, you are going to order something to eat and drink. In the exam, your teacher will be the waiter or waitress[1] and take your order. You can use these sentences to order your meal:

- We would like to order, please!
- We are ready to order now.
- I would like ... and ..., please.
- What's the soup of the day?
- Can I have an extra portion of cheese on my pizza, please?
- I would like some ice and lemon in my coke, please.
- ______________________________
- ______________________________

TIP: You should learn the sentences from worksheet 12, so that you can have many different conversations with your partner!

[1] waiter, waitress – Kellner, Kellnerin

Durchführung der mündlichen Prüfung

Die Prüfung: Food (year 6)

	Arbeitsanweisungen an die Prüflinge	Material/Unterlagen der Prüfer
Part 1 – Monologue (beide Schüler hintereinander)	Welcome to our oral exams today. It is an English exam, so we would like you to speak English only – with us and also with your partner. As you know, the exam has got three parts. In part 1, I would like you to talk about food in a 1-minute presentation. So when you're ready, you can start.	• Bewertungskriterien (S. 140) • Punkteskala (S. 12) • Evaluation Sheet, Part 1 (S. 146)
Part 2 – Dialogue	Thank you very much! In the second part, I would like you to talk about what you would put into your perfect lunch box. You can choose from the cards in this envelope. Then tell your partner about your choice. He/She is a health expert and can give you some advice. What do you think about his/her advice? Then swap roles.	• Bewertungskriterien (S. 140) • Eine Plastik-Brotdose • Punkteskala (S. 12) • 2 x 20 (laminierte) *food cards.* Die Karten liegen in zwei Umschlägen, jeder Schüler trifft eine Auswahl für seine *perfect lunch box* und legt seine Auswahl in die Brotdose. • Evaluation Sheet, Part 2 (S. 147)
Part 3 – Dialogue	OK, let's go over to our third part. You are in a restaurant now. It's called "Pancake Paradise"/"Riverside Snack Bar". Imagine you are there with your partner and I am your waiter/waitress. "Hello, my name is ... I am your waiter/waitress today. This is our menu. Just call me, when you are ready to order." "Yes, what can I get you? (pretend to write down the pupils' orders). What kind of drinks would you like? How about a dessert? ..."	• Bewertungskriterien (S. 140) • Punkteskala (S. 12) • Evaluation Sheet, Part 3 (S. 148) • (laminierte) Speisekarten, Worksheet 9 oder 10 *Die Speisekarten können nach jedem Prüfungspaar gewechselt werden.*

Die Prüflinge dürfen sich zu keinem der Prüfungsteile Notizen mitbringen.

Bewertungskriterien – Oral exam II: Food (year 6)

Punkte	Aussprache/Intonation	Wortschatz[1] und Strukturen (Korrektheit und Spektrum) (zählt doppelt)	Kommunikative Wirksamkeit, Nutzung von Strategien und Interaktion (zählt doppelt)	Aufgabenerfüllung/ Inhalt
8–7	Kann das bekannte Repertoire von Wörtern und Redewendungen trotz Akzent durchgehend deutlich und klar aussprechen (inkl. lebhafter Vortrag in Prüfungsteil 1). Unterstützt durch lebendige Betonung die kommunikativen Absichten. Beachtet die Besonderheiten der englischen Aussprache (z.B. „th", „v", „w", etc.) ebenso wie des *word stress*.	Weitestgehend korrekter Einsatz bekannter, lexikalischer und grammatikalischer Strukturen (*simple present*, Fragestellung mit *to be, to do, have got*, Fragen mit Fragewörtern, Häufigkeitsadverbien, Satzstellung, Subjekt- und Objektpronomen) Verwendet das gesamte Spektrum des Wortschatzes zum Thema *food* sowie der vertrauten Strukturen, inkl. Redemitteln für Vorschläge, Zustimmung, Ablehnung, Einigung.	Äußerungen sind weitestgehend flüssig, zusammenhängend, geschickte und spontane Kommunikation. **Teil 1:** Handelt aus, wer beginnt, gute Präsentation durch Weiterverfolgung der Gedankenstränge und Aufgreifen von Ideen. Nutzung von *gap fillers* bei Pausen. Gibt Struktur der Präsentation vor und hält sie ein. **Teil 2:** Kann je nach Rolle um Rat fragen, Rat erteilen, Zustimmung oder Ablehnung ausdrücken und begründen, Vorschläge machen, auf Partner eingehen. Nutzt *gap fillers* bei Pausen, hört aktiv zu, kann um Hilfe bitten bzw. dem Partner helfen. Nutzt Gestik und Mimik. **Teil 3:** Zeigt Interesse an den Äußerungen seines Partners, hört aktiv zu, stellt viele weiterführende Fragen, macht sinnvolle Äußerungen zum Thema „Auswahl und Bestellung im Restaurant", hält das Gespräch in Gang, ist höflich. Nutzt Gestik und Mimik.	**Teil 1:** Redet eine Minute oder länger über *food* und deckt mehrere Aspekte ab. Erfüllt die gestellte Aufgabe in vollem Umfang. **Teil 2:** Kann als Ratsuchender seine Auswahl vorstellen, als *health expert* den Partner ausführlich beraten. Kann als Ratsuchender am Ende den Rat annehmen oder seine *lunch box*-Auswahl überzeugend verteidigen. Bedankt sich für den Rat. **Teil 3:** Bespricht mit seinem Partner, was er selbst essen und trinken möchte, und fragt seinen Partner nach seinen Wünschen. Inhaltlich sinnvolles und ausführliches Gespräch mit anschließender Bestellung.

[1] s. S. 143

Punkte	Aussprache/Intonation	Wortschatz und Strukturen (Korrektheit und Spektrum) (zählt doppelt)	Kommunikative Wirksamkeit, Nutzung von Strategien und Interaktion (zählt doppelt)	Aufgabenerfüllung/ Inhalt
6–5	Kann das bekannte Repertoire von Wörtern und Redewendungen trotz erkennbarem Akzent überwiegend deutlich und klar aussprechen (inkl. lebhafter Vortrag in Prüfungsteil 1). Unterstützt meist durch Betonung die kommunikativen Absichten. Beachtet überwiegend die Besonderheiten der englischen Aussprache (z.B. „th“, „v“, „w“, etc.) und des *word stress*.	Verwendet einige grammatikalische Strukturen und Teile des bekannten Wortschatzes (s.o.) meist korrekt.	**Teil 1:** Meist sinnvolle, zusammenhängende und strukturiert vorgetragene Beiträge, teilweise Nutzung von *gap fillers* bei Pausen. **Teil 2:** Kann je nach Rolle um Rat fragen, meistens Rat erteilen, Zustimmung oder Ablehnung ausdrücken und begründen. Kann einige Vorschläge machen, meistens auf Partner eingehen. Nutzt einige *gap fillers* bei Pausen, kann um Hilfe bitten. Hört teilweise aktiv zu, hält Gespräch teilweise in Gang. Nutzt teilweise Gestik und Mimik. **Teil 3:** Zeigt Interesse an den Äußerungen seines Partners, hört meistens aktiv zu, stellt einige weiterführende Fragen, geht meistens sinnvoll auf die Beiträge des Partners zum Thema „Auswahl und Bestellung im Restaurant“ ein, hält das Gespräch teilweise in Gang, ist höflich. Nutzt teilweise Gestik und Mimik.	**Teil 1:** Redet ca. 1 Minute oder geringfügig kürzer,, deckt einige Teilbereiche ab. Erfüllt die gestellten Aufgaben bzw. die Rollen in angemessenem Umfang. **Teil 2:** Kann als Ratsuchender seine Auswahl vorstellen, als *health expert* den Partner beraten. Kann als Ratsuchender am Ende den Rat annehmen oder seine *lunch box*-Auswahl verteidigen. Bedankt sich für den Rat. **Teil 3:** Bespricht mit seinem Partner, was er selbst essen und trinken möchte, und fragt seinen Partner nach seinen Wünschen. Inhaltlich meistens sinnvolles und ausführliches Gespräch mit anschließender Bestellung.

Punkte	Aussprache/Intonation	Wortschatz und Strukturen (Korrektheit und Spektrum) (zählt doppelt)	Kommunikative Wirksamkeit, Nutzung von Strategien und Interaktion (zählt doppelt)	Aufgabenerfüllung/ Inhalt
4–3	Insgesamt noch deutliche Aussprache und Intonation, teilweise störende Mängel. Wenig Betonung. Einige Fehler bei den Besonderheiten der englischen Aussprache (s.o.)	Macht bei Wortschatz und Strukturen (s.o.) teilweise gravierende Fehler, die das Verständnis beeinträchtigen. Verwendet nur wenig der bekannten Lexik und nur wenige Strukturen. Einige muttersprachliche/deutsche Einstreuungen.	**Teil 1:** Beiträge sind teilweise stockend und nicht immer sinnvoll, wenig Struktur, macht Pausen ohne *gap fillers*, einige Wiederholungen. **Teil 2:** Beansprucht die Geduld des Partners. Interagiert eingeschränkt mit dem Partner, macht Pausen ohne *gap fillers*. Hört kaum aktiv zu, hält Gespräch kaum in Gang. Hat Schwierigkeiten bei eigenen Vorschlägen, ebenso beim Beraten des Partners. Nutzt kaum Gestik und Mimik. **Teil 3:** Geht teilweise auf die Äußerungen des Partners ein, stellt ihm/ihr wenige Fragen, kann das Gespräch kaum in Gang halten. Nutzt kaum Gestik und Mimik.	**Teil 1:** Redet deutlich unter einer Minute. **Teil 2:** Kann als Ratsuchender seine Auswahl mit Schwierigkeiten vorstellen, als *health expert* den Partner eingeschränkt beraten. Bedankt sich für den Rat. **Teil 3:** Bespricht mit seinem Partner ansatzweise, was er selbst essen und trinken möchte, und fragt seinen Partner ansatzweise nach seinen Wünschen. Inhaltlich teilweise sinnvolles Gespräch. Kommt dann sehr schnell zur anschließenden Bestellung.
2–1	Häufige Mängel, erhebliche Beeinträchtigung des Verständnisses durch fehlerhafte Intonation und Aussprache.	Überwiegend fehlerhafter Einsatz von Lexik und Strukturen, die das Verständnis sehr stark beeinträchtigten. Sehr elementares Repertoire an Lexik und Strukturen. Zahlreiche muttersprachliche/deutsche Einstreuungen.	**Teil 1:** Beiträge sind sehr stockend und kaum sinnvoll, keine Struktur, lange Pausen ohne *gap fillers*. **Teil 2:** Pausen strengen den Partner an. Interagiert kaum, dadurch sehr eingeschränkte und zähe Kommunikation. Kann kaum Vorschläge nennen oder Rat erteilen. Nutzt keine Gestik und Mimik. **Teil 3:** Nutzt kaum unterstützende Strategien, hält das Gespräch nicht in Gang, stellt keine Fragen. Nutzt keine Gestik und Mimik.	**Teil 1:** Präsentation nur in Ansätzen gehalten bzw. abgebrochen. **Teil 2:** Stark verkürztes (ggf. abgebrochenes) Gespräch, stellt ansatzweise seine *lunch box*-Auswahl vor, berät kaum. **Teil 3:** Stark verkürztes (ggf. abgebrochenes), oft nicht sinnvolles Gespräch mit versuchter Bestellung.
0	Unverständlich	Völlig unzureichend und inadäquat	Beiträge unbrauchbar, keine Kommunikation möglich, keine Interaktion.	Erfüllt die Aufgaben nicht.

Anlage: Eingeführter Wortschatz als Grundlage für die Prüfung (Erwartungshorizont):

Präsentation	I would like to introduce myself/talk about ... I am going to talk about ... That's all about ...	Over to you./It's your turn. Have you got any questions?
Vocabulary	chicken, pork, mincemeat, beef, turkey, sausages, lamb, salmon, tuna fish, mussels, prawns, ice cream, vanilla custard, yogurt, apple pancakes, chocolate bars, wraps, hot dogs, pasta, spaghetti with tomato sauce, cheeseburgers, pizza, chips, rice	coffee, lemonade, hot chocolate, apple juice, coke, milkshake, tea, pears, peaches, strawberries, oranges, melons, lemons, cherries, green beans, red/green peppers, spinach, carrots, mushrooms, potatoes
Bekannte Lexik zur Kommunikation und Interaktion (Interesse zeigen, nachfragen, Rückfragen stellen, Zeit gewinnen, siehe auch Worksheet A/B, S. 152 f.)	Who starts? OK, then I'll start. How do you say ... in English? What's the English word for ...? I see. Wow! Oh, really? That's cool/super/interesting. Me, too. How about you?	And you? I also like ... Sorry, I didn't catch that. Can you say that again, please? It's your turn (to take a card). This card is too difficult. OK, I've got that. Let me think ... Wait a sec. ... Thank you very much/You're welcome.

Lunch box	**Advice seeker:** This is what I would put in my lunch box. I chose ... because it is/they are yummy/... I put ... in my lunch box because ... I really love/adore ..., so I put it/them in my lunch box. What do you think about this food/about my choice? So this is my perfect lunch box. What do you say?	
	Health expert: Hmm ... let me see what you've got in your lunch box. You shouldn't eat too much/too many ... because they have/it has too much fat/salt. There aren't any vitamins in ... You should eat ... because they have/it has got a lot of vitamins. There isn't enough food in your lunch box. You will be hungry at school! There is (far) too much in your lunch box. You can't eat all that! ... is/are not very filling , you should also eat ... ... is/are healthy but it's not enough. You can't learn if you don't eat. You have forgotten to put a drink into your lunch box. It's important to drink enough water! Lemonade/... has got too much sugar/..., it's better to drink ...! It's OK to eat ... once or twice a week, but not more because ... Why don't you take the ... instead of the ...? It's/They are a lot healthier! ... is/are very unhealthy/not good for you! Leave the ... and take the ... instead. It's/They are good for you! ... is/are very fattening ! You'll put on weight if you eat too much/many ...! The ... is/are good for you, but the ... isn't/aren't! All in all, you've made a good choice.	**Advice seeker:** Yes, I agree. Yes, I've got the same. I think so, too. You're right. ... is/are (not) good for you. You shouldn't eat too much/many ... You shouldn't eat ... too often. You should eat food with more vitamins/less salt ... **But** ... They are really tasty! I hate them! ... is/are so yummy! I can't eat ... Yuck! I'm allergic to ... No, I disagree (with you). I've got something else. I don't think so. I don't think that's/you're right. But I think there are lots of vitamins in ... I think that it's (not) OK to eat ... once or twice a week. There isn't/is too much fat in ... There are/aren't many vitamins in ...

Restaurant talk	I don't know what to order ... What are you going to have? What about a drink? I am really hungry. **A**: This all looks so good ... **B**: Yes, it does, doesn't it! I think I fancy a sandwich/a pizza ... No, I don't think a soup/a salad is enough. I really can't decide what to have ... I am not that hungry, I only want something small ... **A**: Don't you like fish/prawns/tomato? **B**: I do like fish/prawns, tomato, but today I prefer ... **B**: No, I don't. **A**: I like fish/prawns/tomato, so I am going to have/to take ... How about you? How about an apple pie? No, I would like something savoury first. I've got a sweet tooth! **A**: Oh dear, that's too expensive/too much! **B**: Yes, it is, isn't it! Look at the prices! I can lend you some money! Are we ready to order, then?

Evaluation Sheet – Oral exam I: Food (year 6)

Part 1 – Talk about food

Zweitprüfer

Name Schüler 1: ________________________

										Punkte	
Aussprache und Intonation	8	7	6	5	4	3	2	1	0		
Wortschatz und Strukturen (Korrektheit und Spektrum)	8	7	6	5	4	3	2	1	0		**2-fach**
Kommunikative Wirksamkeit und Nutzung von Strategien, Interaktion	8	7	6	5	4	3	2	1	0		**2-fach**
Aufgabenerfüllung und Inhalt	8	7	6	5	4	3	2	1	0		
									Total		

Name Schüler 2: ________________________

										Punkte	
Aussprache und Intonation	8	7	6	5	4	3	2	1	0		
Wortschatz und Strukturen (Korrektheit und Spektrum)	8	7	6	5	4	3	2	1	0		**2-fach**
Kommunikative Wirksamkeit und Nutzung von Strategien, Interaktion	8	7	6	5	4	3	2	1	0		**2-fach**
Aufgabenerfüllung und Inhalt	8	7	6	5	4	3	2	1	0		
									Total		

Erstprüfer

Name Schüler 1:	**Name Schüler 2:**
allg. Eindruck:	**allg. Eindruck:**

Schüler 1		**Schüler 2**	
Note Erstprüfer		Note Erstprüfer	
Note Zweitprüfer		Note Zweitprüfer	
Gesamtnote Teil 1		**Gesamtnote Teil 1**	

Part 2 – My perfect lunch box

Zweitprüfer

Name Schüler 1: ______________________

										Punkte	
Aussprache und Intonation	8	7	6	5	4	3	2	1	0		
Wortschatz und Strukturen (Korrektheit und Spektrum)	8	7	6	5	4	3	2	1	0		**2-fach**
Kommunikative Wirksamkeit und Nutzung von Strategien, Interaktion	8	7	6	5	4	3	2	1	0		**2-fach**
Aufgabenerfüllung und Inhalt	8	7	6	5	4	3	2	1	0		
								Total			

Name Schüler 2: ______________________

										Punkte	
Aussprache und Intonation	8	7	6	5	4	3	2	1	0		
Wortschatz und Strukturen (Korrektheit und Spektrum)	8	7	6	5	4	3	2	1	0		**2-fach**
Kommunikative Wirksamkeit und Nutzung von Strategien, Interaktion	8	7	6	5	4	3	2	1	0		**2-fach**
Aufgabenerfüllung und Inhalt	8	7	6	5	4	3	2	1	0		
								Total			

Erstprüfer

Name Schüler 1:	**Name Schüler 2:**
allg. Eindruck:	**allg. Eindruck:**

Schüler 1		**Schüler 2**	
Note Erstprüfer		Note Erstprüfer	
Note Zweitprüfer		Note Zweitprüfer	
Gesamtnote Teil 2		**Gesamtnote Teil 2**	

Part 3 – Restaurant talk

Zweitprüfer

Name Schüler 1: ______________________________

										Punkte	
Aussprache und Intonation	8	7	6	5	4	3	2	1	0		
Wortschatz und Strukturen (Korrektheit und Spektrum)	8	7	6	5	4	3	2	1	0		**2-fach**
Kommunikative Wirksamkeit und Nutzung von Strategien, Interaktion	8	7	6	5	4	3	2	1	0		**2-fach**
Aufgabenerfüllung und Inhalt	8	7	6	5	4	3	2	1	0		
								Total			

Name Schüler 2: ______________________________

										Punkte	
Aussprache und Intonation	8	7	6	5	4	3	2	1	0		
Wortschatz und Strukturen (Korrektheit und Spektrum)	8	7	6	5	4	3	2	1	0		**2-fach**
Kommunikative Wirksamkeit und Nutzung von Strategien, Interaktion	8	7	6	5	4	3	2	1	0		**2-fach**
Aufgabenerfüllung und Inhalt	8	7	6	5	4	3	2	1	0		
								Total			

✂- -

Erstprüfer

Name Schüler 1:	**Name Schüler 2:**
allg. Eindruck:	**allg. Eindruck:**

Schüler 1		**Schüler 2**	
Note Erstprüfer		Note Erstprüfer	
Note Zweitprüfer		Note Zweitprüfer	
Gesamtnote Teil 3		**Gesamtnote Teil 3**	
Gesamtnote Teil 1 – 3		Gesamtnote Teil 1 – 3	

Rückmeldebogen für Schüler und Eltern

zur mündlichen Prüfung „Food“ in Klasse 6 ______ vom __________ 20 ______

Name der Schülerin/des Schülers ________________________________

Part 1 – Talk about food

Ich kann ...	++	+	o	–	– –
meine Gedanken strukturiert vortragen.					
ohne störende Pause lebendig vortragen.					
Gesprächsstrategien anwenden (aushandeln, Zeit gewinnen, um Hilfe bitten, nachfragen ...).					
eine Minute lang reden.					
nahezu akzentfrei Englisch sprechen.					
den bekannten Wortschatz zum Thema *food* richtig anwenden.					
die bekannte Grammatik richtig anwenden.					

Part 2 – My perfect lunch box

Ich kann ...	++	+	o	–	– –
Auskunft über Dinge geben, die ich gerne esse und dies begründen.					
in der Rolle als *health expert* Vorschläge machen, Ratschläge und Hinweise geben, meine Position und Ideen vertreten.					
in der Rolle als Ratsuchender nach der Meinung meines Partners fragen, Ratschläge annehmen oder ablehnen, meine Position und Ideen vertreten.					
Gesprächsstrategien anwenden (aushandeln, Zeit gewinnen, um Hilfe bitten, nachfragen ...).					
das Gespräch in Gang halten.					
aktiv zuhören, Interesse zeigen.					
nahezu akzentfrei Englisch sprechen.					
den bekannten Wortschatz zum Thema *food* richtig anwenden.					
die bekannte Grammatik richtig anwenden.					

Part 3 – Restaurant talk

Ich kann ...	++	+	o	–	– –
eine Speisekarte lesen und verstehen.					
mich mit meinem Partner über meine Essensvorlieben austauschen.					
meinen Partner nach seinen Wünschen fragen.					
Gesprächsstrategien anwenden (aushandeln, Zeit gewinnen, um Hilfe bitten, nachfragen ...).					
das Gespräch in Gang halten.					
eine Bestellung aufgeben.					
nahezu akzentfrei Englisch sprechen.					

Your mark: ______________________ Parents’ signature: ______________________

Talk to me!

Erläuterungen zum Kapitel

Dieses Modul, bestehend aus drei Teilen, bezieht sich übergreifend auf alle Prüfungen und Jahrgangsstufen.

Teil 1:

Hier finden Sie drei aufeinander aufbauende Worksheets, die die Lernenden befähigen sollen, während der Prüfung ausschließlich Englisch miteinander zu reden. Sie lernen, alles Notwendige im Prüfungsverlauf in der Zielsprache miteinander auszuhandeln, und werden mit den entsprechenden Redemitteln ausgestattet, die über die reinen Prüfungsinhalte hinausgehen. Dazu zählen Aspekte wie aktives Zuhören, Interesse bekunden, nachfragen, Zeit gewinnen, um Hilfe bitten, Zustimmung, Ablehnung, sich bedanken.

Worksheet A: Match the sentences

Hier sollen die Lernenden englische Sätze, die sie für diverse Redeanlässe benötigen, den deutschen Entsprechungen zuordnen.

Worksheet B: Find the correct speech bubble

Nun sollen diese Sätze einer Gesprächsabsicht zugeordnet werden.

Worksheet C: What can you say ...

Dieser Worksheet stellt den Lernenden schließlich mehrere Situationen vor, die sich in einer Prüfung ergeben können. Die Lerner sollen hier geeignete Beispiele aus den eingeführten Redemitteln aufschreiben.

Teil 2:

Er enthält *feedback sheets* für Präsentationen und für Dialoge, die Sie für alle Prüfungen in diesem Buch verwenden können.

Worksheet D: How to give feedback

Es reicht nicht aus, den Schülerinnen und Schülern den Auftrag zu geben, auf einem Feedbackbogen in drei Kategorien Kreuze zu setzen. Sie müssen auch wissen, wie sie ihre Rückmeldungen in der Zielsprache ausformulieren können. Bevor die Lerner also tatsächlich in Dreiergruppen oder im Plenum Rückmeldungen zu Präsentationen geben, sollen sie sich auf dem Worksheet *How to give feedback* mit dem Feedbackgeben vertraut machen und lernen, wie sie die gesetzten Kreuze in ganzen Sätzen rückmelden können. Dazu gibt es jeweils ein ausformuliertes Textbeispiel und einen beispielhaften Feedbackbogen, den die Lernenden dann ausformulieren sollen.

Worksheet E: Feedback for presentations

Nun sollen die Schülerinnen und Schüler das Geübte in die Tat umsetzen und ihren vortragenden Mitschülern Feedback geben. Das kann zunächst in den genannten Dreiergruppen und später im Plenum geschehen.

Falls die Vortragenden Zeit unterschreiten, kann gemeinsam überlegt werden, welche Aspekte der Präsentation noch weiter ausgebaut werden können. In einem weiteren Schritt sollten die Lernenden dann ihre Präsentation auswendig bzw. mithilfe von Stichpunkten vortragen können. Im weiteren Verlauf der Vorbereitung auf die Prüfung können immer wieder ein oder zwei Schüler pro Stunde ihren Vortrag halten und ein Feedback bekommen

Worksheet F: Feedback for dialogues

Ebenso wie zuvor bei den Präsentationen soll auch hier beim Vorstellen eines Gesprächs das Feedback der Mitschüler in Kleingruppen und bei einigen Beispielen auch im Plenum eingeholt werden. Die Schülerinnen und Schüler sollen bei ihren Rückmeldungen nicht auf Verständlichkeit und Sprachrichtigkeit achten, sondern auf die Frage, ob tatsächlich ein Gespräch entwickelt wurde. (Siehe hierzu auch Worksheet 6, S. 26, und Worksheet 8, S. 96.)

Teil 3:

Der Teil **Icebreakers for teachers** enthält Redemittel für Sie als Prüfer, mit denen Sie Ihren Schülern in diversen Situationen der Prüfung helfen können.

Match the sentences

These sentences will help you when you work with your partner.

Match the English and German sentences!
You can write the letters behind the English sentences or use different colours.

English

1	That's cool!
2	Wait a sec. (second) ...
3	I see!
4	Oh, really?
5	Let me think ...
6	Sorry, I didn't catch that ...
7	Thank you very much.
8	What's the English word for ... again?
9	You're welcome.
10	It's your turn.
11	That's all about me.
12	OK, I've got that.
13	This card is too difficult.
14	How about you?
15	And you?
16	How do you say ... in English?
17	Who starts?
18	OK, then I start.
19	Can you say that again, please?
20	Over to you.
21	Can I take the next card?
22	Me, too!
23	I also like ...

German

a	Ich auch!
b	Lass mich/Lassen Sie mich nachdenken ...
c	Das habe ich leider nicht verstanden ...
d	Kannst du/Können Sie das noch einmal sagen?
e	Wer fängt an?
f	Und du?
g	Das ist cool!
h	Du bist jetzt dran.
i	OK, dann fange ich an.
j	Das ist alles über mich.
k	Ach so!/Ich verstehe ...
l	Kann ich die nächste Karte ziehen?
m	Das habe ich jetzt verstanden.
n	Du bist jetzt dran.
o	Ich mag auch ...
p	Was ist mit dir?
q	Wie war nochmal das englische Wort für ...?
r	Warte mal kurz .../Warten Sie mal kurz ...
s	Oh, wirklich?
t	Gern geschehen!
u	Vielen Dank!
v	Diese Karte ist zu schwierig.
w	Was heißt ... auf Englisch?

Find the correct speech bubble

Now write the sentences from worksheet A into the correct speech bubbles.

1. Um Hilfe bitten

?

1. Sorry, I didn't catch that ...
2. ______
3. ______
4. ______

2. Zeit gewinnen

1. Let me think ...
2. ______

3. Interesse zeigen, zustimmen

1. That's cool!
2. I see!
3. ______
4. ______
5. ______
6. ______
7. ______

4. Aushandeln, wer beginnt/ an der Reihe ist/ weitermacht; sagen, dass man fertig ist

1. Who starts?
2. ______
3. ______
4. ______
5. ______
6. ______

5. Sagen, dass man etwas verstanden hat.

!

1. ______

6. Sagen, dass etwas zu schwierig ist.

?

1. ______

7. Sich höflich bedanken

1. ______
2. ______

What can you say ...

For each number choose one of the sentences from worksheet B.

What can you say...

1. if you need more time to think?

2. if you don't know a word in English?

3. if your presentation is finished and your partner comes next?

4. if you want to hear a word/a sentence/a question again?

5. if you like e.g. your partner's hobby?

6. when your partner says thank you?

Now find one English sentence from worksheet B for each number.

Was kannst du sagen,

1. wenn du erstaunt über etwas bist, das dein Partner gesagt hat?

2. wenn du dasselbe magst wie dein Partner (z.B. Pizza, Mountainbike fahren ...)

3. wenn du dich höflich bedankst?

4. wenn du anfangen möchtest?

5. wenn du etwas zu schwierig findest?

How to give feedback

1. You can give your feedback like this:

Feedback for ____________________'s presentation	☺	😐	☹
You talked freely.	1	1	1
You looked at us.	2	2	2
I could understand you.	3	3	3
Your English was good.	4	4	4

1 You talked freely.	☺
2 You (often/always) looked at us.	
3 I could understand you.	
4 Your English was (very) good.	

1 You talked freely most of the time.	😐
2 You sometimes looked at us.	
3 I could understand most things.	
4 Your English was OK.	

1 Try to speak more freely.	☹
2 Try to look at us.	
3 Next time, speak more clearly.	
4 Please work on your English.	

2. Now look at this feedback for Paula:

Feedback for Paula's presentation	☺	😐	☹
You talked freely.			x
You looked at us.		x	
I could understand you.	x		
Your English was good.		x	

What would you tell Paula? Make four sentences.

1 ____

2 ____

3 ____

4 ____

Feedback for presentations

Now listen to some presentations and tell the presenter how you liked his/her presentation:

Feedback for ______________________'s presentation	☺	😐	☹
You talked freely.			
You looked at us.			
I could understand you.			
Your English was good.			

Feedback for ______________________'s presentation	☺	😐	☹
You talked freely.			
You looked at us.			
I could understand you.			
Your English was good.			

Feedback for ______________________'s presentation	☺	😐	☹
You talked freely.			
You looked at us.			
I could understand you.			
Your English was good.			

Feedback for ______________________'s presentation	☺	😐	☹
You talked freely.			
You looked at us.			
I could understand you.			
Your English was good.			

Feedback for dialogues

Tell two pupils how you liked their dialogue:

Feedback for ______________________ and ______________________	☺	😐	☹
You used the sentences that we learnt. *(Ihr habt die Sätze benutzt, die wir gelernt haben: OK, then I start, Can I take the next card? This card is too difficult, Over to you, Let me think, Wait a sec …)*			
You talked without long breaks. *(ohne lange Pausen)*			
Your questions were correct. *(Eure Fragen waren richtig.)*			
You talked a long time/in length about one card. *(Ihr habt lange über eine Karte gesprochen.)*			
You showed interest in your partner. *(Ihr habt Interesse aneinander gezeigt.)*			
You looked at your partner and listened actively. *(Ihr habt einander angesehen und aktiv zugehört.)*			
You had a real conversation. *(Ihr hattet eine richtige Unterhaltung.)*			
I could understand you.			
Your English was good.			

✂- -

Tell two pupils how you liked their dialogue:

Feedback for ______________________ and ______________________	☺	😐	☹
You used the sentences that we learnt. *(Ihr habt die Sätze benutzt, die wir gelernt haben: OK, then I start, Can I take the next card? This card is too difficult, Over to you, Let me think, Wait a sec …)*			
You talked without long breaks. *(ohne lange Pausen)*			
Your questions were correct. *(Eure Fragen waren richtig.)*			
You talked a long time/in length about one card. *(Ihr habt lange über eine Karte gesprochen.)*			
You showed interest in your partner. *(Ihr habt Interesse aneinander gezeigt.)*			
You looked at your partner and listened actively. *(Ihr habt einander angesehen und aktiv zugehört.)*			
You had a real conversation. *(Ihr hattet eine richtige Unterhaltung.)*			
I could understand you.			
Your English was good.			

Icebreakers for teachers

Als Erst- oder Zweitprüfer möchten Sie sicher Ihren Schülerinnen und Schülern die Nervosität oder sogar Angst vor der ungewohnten Prüfungssituation nehmen. Falls einer der Prüfer die Prüflinge nicht kennt, bietet es sich an, die beiden Schüler/innen kurz auf Englisch vorzustellen, ihnen einen Platz anzubieten und sie willkommen zu heißen.

Dazu können Sie folgende Einleitungssätze verwenden:

Hello, welcome to our oral exams/speaking tests today.

Come in and have a seat.

Could you close the door, please?

There's no need to be nervous!/Don't be nervous.

Just relax, take a deep breath, everything is going to be fine!

... falls jemand stecken bleibt:

The last thing you said was ...

Would you like to start again?

OK, don't worry, you can have another try!

Calm down, think for a moment and then go on.

... am Ende der Prüfung:

OK, that was it. Well done!

The exam is finished. You've made it!

Excellent! That was really good work!

... wenn Sie die Prüflinge bitten, das nächste Paar zu schicken:

Can you tell x and y that it's their turn now?

Can you send us x and y? Thank you!

... wenn das nächste Paar schon wartet und Sie noch Zeit für die Beratung brauchen:

Can you please wait for another minute. We need a bit more time.

Sorry, we haven't finished yet. Can you wait for a moment? We'll call you in.

Auswahlbibliografie

Lehrwerke

Green Line, Band 1 und 2. Hrsg.: Harald Weißhaar. Ernst Klett Verlag GmbH. Stuttgart 2006.

Orange Line, Band 1. Hrsg.: Frank Haß. Ernst Klett Verlag Gmbh. Stuttgart 2005
Orange Line, Band 2. Hrsg.: Frank Haß. Ernst Klett Verlag GmbH. Stuttgart 2007

Red Line, Band 1. Hrsg: Frank Haß. Ernst Klett Verlag GmbH. Stuttgart 2005.
Red Line, Band 2. Hrsg: Frank Haß. Ernst Klett Verlag GmbH. Stuttgart 2007

English G 21. A1 und A2. Ausgabe A. Hrsg: Prof. Hellmut Schwarz. Cornelsen Verlag Berlin, 2007.

English G 21. D1. Differenzierende Ausgabe. Hrsg.: Prof. Hellmut Schwarz. Cornelsen Verlag Berlin, 2006.
English G 21. D2. Differenzierende Ausgabe. Hrsg.: Prof. Hellmut Schwarz. Cornelsen Verlag Berlin, 2007.

English G 21. B1 und B2. Hrsg.: Prof. Hellmut Schwarz. Cornelsen Verlag Berlin, 2007.

Camden Town1 und 2. Lehrwerk für den Englischunterricht an Gymnasien. Diesterweg Verlag 2005.

Notting Hill Gate 1 und 2. Lehwerk für den Englischunterricht an Gesamtschulen und integrierenden Schulformen. Diesterweg Verlag 2007.

Camden Town 1 und 2. Unterrichtswerk für Realschulen und verwandte Schulformen. Diesterweg Verlag 2006.

Mündlichkeit und Methoden

Bietz, Carmen & Beate Francke-Kern. 2005. „ ... gegen das Sitzenbleiben. Ideen für den bewegten Englischunterricht." Der fremdsprachliche Unterricht Englisch 39. H. 74. 28 – 34.

Brüning, Ludger/Saum, Tobias. 2006. Erfolgreich unterrichten durch kooperatives Lernen. Essen: NDS Verlagsgesellschaft.

Duclercq, Marie-Cecile & Peter Winz. 2006. „Raconter, commenter, converser, discuter." Der fremdsprachliche Unterricht Französisch 40. H. 84. 10 – 16.

Grieser-Kindel, Christin/Henseler, Roswitha/Möller, Stefan. 2009. Method Guide – Methoden für einen kooperativen und individualisierenden Englischunterricht in den Klassen 5 – 12. Paderborn: Schöningh.

Grieser-Kindel, Christin/Henseler, Roswitha/Möller, Stefan. 2006. Method Guide – Schüleraktivierende Methoden für den Englischunterricht in den Klassen 5 – 10. Paderborn: Schöningh.

Henseler, Roswitha. 2012. „Methode im Fokus: Talking while walking." Der fremdsprachliche Unterricht Englisch 46. H. 116.

Henseler, Roswitha/Möller, Stefan. 2008. „Get dressed for school. In Minipräsentationen seine Meinung begründen." Englisch 5 – 10. 4/2008. 26 – 31.

Kieweg, Werner. 2007. „Sprechaufgaben konzipieren." Der fremdsprachliche Unterricht Englisch 44. H. 105. 14 – 18.

Kieweg, M., Kieweg, W. 2000.: Praxiserprobte Dialogtechniken. Zur Erhöhung der mündlichen Sprachkompetenz in den Grenzen der unterrichtlichen Möglichkeiten. In: Der fremdsprachliche Unterricht Englisch 47, 17 – 24.

Klippel, Friederike. 1984. Keep talking. Communicative fluency activities for language teaching. Cambridge 1984.

Piepho, Hans-Eberhard. 2002. SMART Text Trainer. Finken Verlag Oberursel.

Schiffler, Ludger. 2002. Fremdsprachen effektiver lehren und lernen. Beide Gehirnhälften aktivieren. Donauwörth: Auer.

Spengler, Wolfgang. 2006. „Raus mit der Sprache! 13 Verfahren zur Förderung der Sprachkompetenz." Der fremdsprachliche Unterricht Französisch 40. H. 44. 28 – 35.

Taubenböck, Andrea. 2007. „Sprache kommt von Sprechen." – Aufgaben zur Entwicklung mündlicher Interaktion." Der fremdsprachliche Unterricht Englisch 41. H. 90. 2 – 9.

Ur, Penny. 1992: Five-minute activities. A Resource Book of Short Activities. Cambridge University Press.

Themenhefte
„Sprechaufgaben" Der fremdsprachliche Unterricht Englisch 46/2012 H. 116
„Sprachmittlung" Der fremdsprachliche Unterricht Englisch H. 93/2008
„Faire parler – Sprechen fördern" Der fremdsprachliche Unterricht Französisch H. 84/2006
„Themenheft Sprechen" Praxis Fremdsprachenunterricht 04/2006
„Sprechen" Der fremdsprachliche Unterricht Französisch H. 55/2006
„Speaking activities 1" in Englisch 3/2010

Internetadressen

http://www.julius-echter-gymnasium.de/jegcms/media/jeg/docs/fachschaften/englisch/bewertungsbogen_deskriptoren.pdf

http://www.europaeischer-referenzrahmen.de/

http://www.standardsicherung.schulministerium.nrw.de/cms/muendliche-kompetenzen-entwickeln-und-prfen/angebot-sekundarstufe-i/angebot-sekundarstufe-i.html

http://www.berlin.de/imperia/md/content/sen-bildung/schulqualitaet/vergleichsarbeiten/sprechfertigkeit_englisch.pdf?start&ts=1155742225&file=sprechfertigkeit_englisch.pdf

http://bildungsserver.berlin-brandenburg.de/fileadmin/bbb/unterricht/pruefungen/pruefungen_am_ende_der_jahrgangsstufe_10/Hinweise_zur_muendlichen_Pruefung_10_Fremdsprachen.pdf

http://db2.nibis.de/1db/cuvo/datei/leitfaden_mdl_pruefungen_si[1].pdf

http://www.cornelsen.de/lehrkraefte/1.c.3207087.de

Mündliche Leistungsüberprüfung

Bächle, Hans/Jung, Jessica. 2006. „Mehr Mündlichkeit, auch in Klassenarbeiten! Vorschläge für mündliche Leistungsüberprüfungen." Der fremdsprachliche Unterricht Französisch 40. H. 84. 40 – 47.

Bolwin, Jasmin. 2010. „Why should I hire you? Sprechen in beruflichen Situationen trainieren." Der fremdsprachliche Unterricht Englisch 44 H. 108. 34 – 39.

Deeg, Christoph/Rolvering, Gerburg. 2012. Mündliche Prüfung Englisch. Braunschweig: Diesterweg.

Kieweg, Werner. 2007. „Mündliche Leistungen beurteilen". Der fremdsprachliche Unterricht Englisch 41. H. 90. 10 – 11.

Lassen, Frauke. 2010. „Are we ready to order then?" Eine Partnerprüfung für beginnende Lerner vorbereiten, mündliche Noten gewinnen." Der fremdsprachliche Unterricht Englisch 44 H. 108. 16 – 25.

Mendez, Carmen. 2008. „Let's visit London! Allons en France!" Praxis Fremdsprachenunterricht 04/2008. 11 – 16.

Möller, Stefan. 2010. „So why don't you share your ideas? Sprechkompetenzen und soziale Kompetenzen diagnostizieren." Der fremdsprachliche Unterricht Englisch 44. H. 105. 37 – 39.

Mösel, Klaus. 2007. „The early bird twitters best. Mündliche Prüfungen in der Unterstufe." Der fremdsprachliche Unterricht Englisch 41. H. 90. 20 – 25.

Neumüller, Uta Elisabeth. 2010. „Mündlichkeit überprüfen. Mündliche Klassenarbeiten planen, durchführen, bewerten." Der fremdsprachliche Unterricht Französisch 44. H. 104. 29 – 35.

Rath, Ulrike/Vierhaus, Franziska. 2010. „Don't accept a bathroom without a window. Im Sprachendorf Sprechaufgaben bewältigen." Der fremdsprachliche Unterricht Englisch 44 H. 108. 26 – 33.

Schnitter, Tobias. 2010. „Mündliche Prüfungen gestalten, Sprechkompetenz bewerten." Der fremdsprachliche Unterricht Englisch 44 H. 108. 2 – 9.

Staatsinstitut für Schulqualität und Bildungsforschung (Hrsg.) 2005. Time to talk! Parlons! Parliamo! ¡Tiempo para hablar! Pora pogovorit'! Eine Handreichung zur Mündlichkeit im Unterricht der modernen Fremdsprachen. Berlin: Cornelsen (mit CD-ROM).

Themenhefte
„Oral exams" Der fremdsprachliche Unterricht Englisch H. 108/2010
„Mündlichkeit" Der fremdsprachliche Unterricht Englisch H. 90/2007